Andrew Wommack

Heilung: Gottes Wille für dich

Heilung: Gottes Wille für dich

Was sagt die Bibel wirklich über ein Leben in gottgegebener Gesundheit?

Andrew Wommack

Grace today VERLAG

Originally published in the USA by

God Wants You Well

Die englischsprachige Originalausgabe erschien im Verlag *Harrison House Publishers* unter dem Titel *God Wants You Well* Copyright © 2010 by Andrew Wommack Ministries. This translation of God Wants You Well is published by arrangement with Harrison House.

Die Deutsche Nationalbibliothek verzeichnet diese Publikation in der Deutschen Nationalbibliografie; detaillierte bibliografische Daten sind im Internet über https://dnb.de abrufbar.

Bibelzitate, sofern nicht anders angegeben, wurden der Schlachter Bibelübersetzung entnommen. Bibeltext der Schlachter, © 2000 Genfer Bibelgesellschaft. Alle Rechte vorbehalten. Alle Bibelübersetzungen wurden mit freundlicher Genehmigung der Verlage verwendet. Hervorhebungen einzelner Wörter oder Passagen innerhalb von Bibelzitaten wurden vom Autor vorgenommen.

ELB *Revidierte Elberfelder Bibel*, © 2006 SCM R.Brockhaus, Witten.
KJV *King James Version*.
LUT *Lutherbibel*, revidiert © 1984 Deutsche Bibelgesellschaft Stuttgart.
NLB *Neues Leben Bibel*, © 2017 SCM R.Brockhaus, Witten.

Umschlaggestaltung: Harrison House Publishers
Corporate Design: spoon design, Olaf Johannson
Übersetzung: Ines Piecha
Korrektorat: Thilo Niepel
Satz: Grace today Verlag
Druck: CPI Clausen & Bosse, Birkstraße 10, 25917 Leck
Printed in Germany

5. Gesamtauflage 2024

Paperback: ISBN 978-3-95933-218-7, Bestellnummer 372218
E-Book: ISBN 978-3-95933-219-4, Bestellnummer 372219

www.gracetoday.de

INHALT

EINLEITUNG

Auch wenn ich nicht alles weiß, was es über Heilung zu wissen gibt, ist meine Erkenntnis darüber mit den Jahren doch sehr gewachsen; ich halte mich in diesem Bereich für recht »fit«. Es ist nun tatsächlich schon fast vierzig Jahre her, dass mich Krankheit das letzte Mal überwältigt hat. Das heißt nicht, dass ich keine Probleme gehabt hätte. Ich wurde immer wieder von Symptomen angegriffen. Als ich vor Jahren gerade dabei war, eine Radiosendung zu produzieren, meldeten sich alle Symptome einer Grippe. Meine Nebenhöhlen verstopften, meine Nase lief, ich bekam Gliederschmerzen, Schüttelfrost und Fieber – alles innerhalb kürzester Zeit. Ich brauchte eine Stunde, um darüber zu beten, aber dann war es vorbei.

Die vermutlich schwerste Krankheit, die ich in diesen vergangenen vierzig Jahren zu bekämpfen hatte,[1] befiel mich, als ich von England nach Hause zurückkehrte und sofort an meinem Gartenteich zu arbeiten begann. Obwohl ich 34 Stunden lang nicht geschlafen hatte, musste ich mich sofort darum kümmern, denn etwas stimmte nicht mit dem Abfluss des Teiches, den ich gerade auf meinem Grundstück baute. Es war nicht gerade klug von mir,

1 Seit diese Einleitung geschrieben wurde, hatte ich einmal mit einer Nebenhöhlenentzündung zu kämpfen, die etwa drei Tage andauerte. Auch diese war durch Dummheit verursacht. In der einen Woche hatte ich einundvierzig Mal gepredigt und gedient, in der nächsten vierzig Mal. Das hat mich körperlich ausgelaugt. Ich war so schwach, dass ich der Krankheit Tür und Tor geöffnet habe. Der Glaube überwindet nicht immer Dummheit. Inzwischen habe ich Schritte unternommen, um das zu ändern.

sechs Stunden lang brusttief im kalten Wasser zu stehen und zu arbeiten, während ich gleichzeitig so schwach, müde und erschöpft war. Sehr bald begann meine Nase zu laufen und meine Ohren verstopften, doch ich wurde diese laufende Nase innerhalb eines Tages wieder los. Obwohl ich noch einige Tage brauchte, bis meine Ohren wieder frei waren, wäre einem außenstehenden Beobachter trotzdem nichts aufgefallen.

Soweit ich mich erinnere, war das die schlimmste Erkrankung, mit der ich in fast vierzig Jahren zu tun hatte. Ganz zu Anfang dieser Zeit wurde bei mir eine unheilbare Krankheit festgestellt. Doch nach drei Tagen erklärte mich derselbe Arzt, der die Diagnose gestellt hatte, für gesund, denn ich hatte Gebet und Heilung empfangen. Ich habe also erlebt, wie Gott mich schon von einigen Dingen geheilt hat.

Heilung ist eine Stärke in meinem Leben. Die Wahrheiten, die ich in diesem Buch niederschreibe, funktionieren bereits seit Jahrzehnten für mich. Auch wenn ich noch nicht alles verstehe, was es zu verstehen gibt, weiß ich doch mehr über Heilung, als ich in diesem Buch ansprechen kann. Daher verweise ich auf das *weiterführende Lehrmaterial* am Buchende, um die hier beschriebenen Wahrheiten zu ergänzen und zu vertiefen. Mein Ziel mit diesem Buch ist nicht, das Thema Heilung mit allen dazugehörenden Aspekten zu lehren, sondern vielmehr ein festes Fundament zu legen.

Wie steht es mit dir?

Es ist wichtig, dass du über die Wahrheiten aus dem Wort Gottes nachdenkst, die in diesem Buch aufgeführt sind. Obwohl ich persönlich seit langer Zeit in göttlicher Gesundheit lebe, liegt das nicht daran, dass mir nie etwas widerfahren wäre. Ich hatte

Verletzungen und Unfälle und Krankheit wollte mir ans Leder. Ich hatte Probleme, doch ich habe sie überwunden – und mein Körper erfreut sich seit Jahrzehnten bester Gesundheit.

Ich habe außerdem einer Vielzahl von Menschen im Bereich von Heilung gedient und erlebt, wie Blinde wieder sehen konnten. Es handelte sich dabei sowohl um Menschen, die teilweise erblindet waren und Besserung erfuhren, als auch um vollkommen Erblindete, die nicht einmal Licht wahrnehmen konnten und deren Augen geöffnet wurden. Ich habe erlebt, wie sowohl schwerhörige als auch vollkommen taube Menschen wieder hören konnten. Ich erinnere mich daran, dass ich für Menschen gebetet habe, deren Trommelfell nicht mehr funktionsfähig war oder sogar operativ entfernt worden war. Gott hat ihr Hörvermögen wiederhergestellt. Ich habe gesehen, wie Menschen, die wegen einer Kehlkopfentfernung nicht sprechen konnten, ein Wunder empfingen und begannen, in Sprachen zu beten. Ich habe Tausende von Menschen gesehen, die von Arthrose und allen möglichen Arten von Schmerzen geheilt wurden. Ein Mann hatte einen Metallstab in seinem Rücken, der ihn aufrecht stehen ließ. Es war physisch unmöglich für ihn, sich zu bücken, dennoch empfing er Heilung und konnte sich ohne Weiteres bücken. Ich habe gesehen, wie verkrüppelte Gliedmaßen geheilt wurden und Menschen aus ihrem Rollstuhl aufstanden.

Ich habe persönlich drei Totenauferstehungen erlebt, eine davon betraf meinen eigenen Sohn. Er war bereits fast fünf Stunden tot gewesen und schon blau angelaufen. An seinem Zeh war ein Etikett befestigt und man hatte ihn bereits in der Leichenhalle des Krankenhauses aufgebahrt. Doch der Herr hat ihn auferweckt – Ehre seinem Namen!

Ich erwähne diese Dinge nicht, um ins eigene Horn zu blasen. Ich lerne auch beim Thema Heilung immer noch dazu. Es gab und gibt noch immer Situationen, in denen ich für Menschen bete und sie nicht geheilt werden. Doch ich erziele heute bessere Ergebnisse als je zuvor. Ich bin noch nicht am Ziel angekommen, doch ich habe mich auf den Weg gemacht und dabei einige wichtige Wahrheiten gelernt.

Wie steht es mit dir? Lebst du kontinuierlich in göttlicher Gesundheit? Werden Menschen geheilt, wenn du für sie betest? Wenn nicht, solltest du sorgfältig über die Wahrheiten nachdenken, die ich hier mitteile.

Gottes Wort funktioniert

Bitte halte meine Zuversicht nicht für Überheblichkeit. Dies ist einfach ein Bereich in meinem Leben, wo ich Resultate erzielt habe. Ich selbst habe wohl Hunderttausenden von Menschen gedient. Ich habe andere ausgebildet und erlebt, dass diese Wahrheiten auch bei ihnen wirken. Viele Prediger haben mir berichtet, wie sie eine Offenbarung genau dieser Wahrheiten empfingen und danach die Heilung vieler Menschen erleben konnten, für die sie beteten. Bei einigen dieser Prediger wurde fast jeder Einzelne, für den sie gebetet hatten, geheilt, und sie erlebten außerdem mehrere Totenauferweckungen. Gottes Wort funktioniert!

Ich habe vielleicht noch nicht alles verstanden, doch ich weiß, dass ich in die richtige Richtung gehe. Ich habe die Kraft Gottes wieder und wieder wirken sehen. Wenn du gegen Heilung voreingenommen bist und nicht in Betracht ziehen möchtest, was das Wort sagt, werde ich dir möglicherweise nicht helfen können. Doch wenn du dich wirklich danach sehnst, mehr über die göttliche Heilung zu erfahren, die durch den Herrn Jesus Christus zur Verfügung gestellt wurde, und wenn du an das glaubst, was er getan hat, dann kann dieses Buch buchstäblich dein Leben verändern. Zumindest können dir diese Wahrheiten ein gewisses Maß an Erfolg und Sieg im Bereich von Heilung geben, so wie Gott es bei mir getan hat. Noch einmal: Ich behaupte nicht, schon alles erreicht zu haben, doch Heilung offenbart sich in meinem Leben, und zwar nicht nur für mich, sondern auch für die Menschen, denen ich diene.

Wenn du in Demut Gottes Wort annimmst, dann glaube ich, dass dir diese Wahrheiten in gleicher Weise weiterhelfen werden.

KAPITEL 1

Wunder bestätigen Gottes Wort

Viele Menschen kritisieren mich, weil ich solchen Wert auf Heilung lege. Sie sagen: »Das ist unwichtig. Man muss nicht geheilt sein, um in den Himmel zu kommen. Du solltest keine Zeit im Radio, im Fernsehen oder in deinen Büchern darauf verwenden, Heilung so sehr zu betonen. Das ist ein zweitrangiges Thema. Du machst es wichtiger, als es tatsächlich ist.«

Einer der Radiosender, auf denen mein Programm ausgestrahlt wird, leitete vor einiger Zeit einen Brief an mich weiter, in dem ein Mann sogar mit rechtlichen Schritten gegen mich drohte. Im Wesentlichen sagte er: »Es ist eine große Sünde, dass Sie das sauer verdiente Geld der Menschen dazu benutzen, um über so etwas wie Heilung zu predigen!« Dieser Herr war einer von vielen, die meinen, es sei Zeitverschwendung, über Heilung zu sprechen. Ich sehe das vollkommen anders.

Heilung ist ein Teil des Erlösungswerks Christi. Wenn Jesus gestorben ist, um uns Heilung zur Verfügung zu stellen, dann ist das alles andere als nebensächlich. Wenn der Herr für unsere körperliche Heilung gelitten und Hiebe auf seinen Rücken ertragen hat, dann ist das nicht bedeutungslos. Wenn Jesus es wichtig genug fand, Heilung für uns zu erwerben, dann sollten wir es für wichtig genug halten, sie zu empfangen.

Gott der Vater ließ seinen Sohn am Kreuz all unsere Sünden und all unsere Krankheiten tragen. In dem gleichen Maß, wie

Jesus unsere Sünden trug, trug er auch unsere Krankheiten. Deswegen ehrt es ihn, wenn wir uns für Heilung einsetzen. Tatsächlich verbrachte Jesus mehr Zeit damit, über Heilung zu sprechen, als über verschiedene andere Themen, die viele Menschen heute für wichtig halten – Himmel und Hölle insbesondere. Der Herr gebrauchte Heilung wie das Läuten einer Glocke, um die Aufmerksamkeit der Menschen zu wecken und um zu beweisen, dass er auf Erden die Macht hatte, Sünden zu vergeben. Viele biblische Beispiele belegen das.

Heilung und Vergebung

In Markus Kapitel 2 konnte der gelähmte Mann von seinen Freunden wegen der Menschenmenge nicht in das Haus getragen werden, in dem Jesus diente. Unbeirrt brachten sie ihn auf das Dach, entfernten einige Dachziegel und ließen den Mann auf seiner Trage buchstäblich vor Jesu Füßen herab.

> *Als aber Jesus ihren Glauben sah, sprach er zu dem Gelähmten: Sohn, deine Sünden sind dir vergeben!*
> *— Markus 2,5*

Beachte, dass er sagte: »Sohn, deine Sünden sind dir vergeben!«

> *Es saßen aber dort etliche von den Schriftgelehrten, die dachten in ihren Herzen: Was redet dieser solche Lästerung? Wer kann Sünden vergeben als nur Gott allein? Und sogleich erkannte Jesus in seinem Geist, dass sie so bei sich dachten, und sprach zu ihnen: Warum denkt ihr dies in euren Herzen? Was ist leichter, zu dem Gelähmten zu sagen: Dir sind die*

Sünden vergeben!, oder zu sagen: Steh auf und nimm deine Liegematte und geh umher? — Markus 2,6–9

Wenn Jesus nur ein normaler Mensch gewesen wäre, hätte er unmöglich weder »Steh auf und geh umher!« sagen können noch »Deine Sünden sind dir vergeben!«. Nur Gott kann Sünden vergeben, und ein Mensch hat mit seinen natürlichen Fähigkeiten nicht die Kraft, zu heilen. Doch Jesus, gleichzeitig vollkommen Gott und vollkommen Mensch, konnte beides aussprechen und für beides sorgen, nämlich Heilung und Vergebung.

Es ist deswegen einfacher zu sagen: »Deine Sünden sind dir vergeben«, weil man Sünde nicht sehen kann, und man kann auch nicht sehen, ob eine Sünde vergeben ist oder nicht. Wenn jemand dich herausfordern würde, indem er sagt: »Das kannst du nicht machen«, dann könntest du ganz einfach antworten: »Beweise es!«

Der Beweis

Jesus sagte deswegen, dass es einfacher sei, zu sagen »Deine Sünden sind vergeben!« als »Steh auf und geh umher!«, weil die Menschen sofort sehen konnten, ob Jesus wirklich die Vollmacht für diesen Befehl hatte. Entweder der Mann steht auf und geht oder er tut es nicht. Es würde sofort einen sichtbaren Beweis dafür geben, ob es funktionierte.

Sein Argument war folgendes: Wenn man das größere Werk vollbringen kann, schafft man auch das kleinere. Wenn du vier Meter weit springen kannst, schaffst du natürlich auch einen Meter.

Die Menschen standen sprachlos da und wussten nicht, wie sie antworten sollten. Da fuhr Jesus fort und sagte:

Damit ihr aber wisst, dass der Sohn des Menschen Vollmacht hat, auf Erden Sünden zu vergeben – sprach er zu dem Gelähmten: Ich sage dir, steh auf und nimm deine Liegematte und geh heim! Und er stand sogleich auf, nahm seine Liegematte und ging vor aller Augen hinaus, sodass sie alle erstaunten, Gott priesen und sprachen: So etwas haben wir noch nie gesehen! — Markus 2,10–12

Jesus machte sehr deutlich, dass er diesen Mann heilte, um den Menschen zu zeigen, dass er auch Vollmacht hatte, Sünden auf Erden zu vergeben. Der Herr gebrauchte Heilung als Beweis dafür, dass er Vollmacht hatte, auch unsichtbare Dinge zu bewirken. Wenn er sich um den natürlichen Körper und um die körperlichen und emotionalen Bedürfnisse der Menschen kümmern konnte, konnte er auch ihre geistlichen Bedürfnisse befriedigen. Jesus gebrauchte Heilung wie eine Glocke, um die Menschen um sich herum zu sammeln und ihre Aufmerksamkeit zu gewinnen. Und dann sagte er ihnen die Wahrheit.

Worte allein?

Jesus sagte außerdem, dass die Wunder, die er tat, bezeugten, wer er war, und das bestätigten, was er sagte.

Doch ich habe ein größeres Zeugnis als das von Johannes: meine Taten. Sie sind mir vom Vater gegeben, damit ich sie ausführe und vollende, und sie bezeugen, dass der Vater mich gesandt hat. — Johannes 5,36 NLB

Obwohl Jesus auf das Zeugnis verwies, das Johannes von ihm ablegte, stützte er sich nicht darauf. Christus verließ sich vielmehr auf die Bestätigung, die sein Vater über seine Identität ablegte, indem er die Wunder vollbrachte. Wenn *Jesus* die Wunder als Zeugnis brauchte, um seine Autorität zu untermauern, wie können wir dann mit weniger auskommen? Es ist höchst arrogant, wenn wir der Meinung sind, dass Worte allein die Menschen überzeugen werden, wenn Jesus selbst Zeichen und Wunder brauchte, um sein Wort zu bestätigen.

Wie es sein sollte

Manche Leute sagen: »Wir brauchen heute keine Wunder mehr. Wir haben das Wort Gottes.« Doch die Bibel lehrt uns etwas anderes. In Markus 16 lesen wir einige der letzten Anweisungen Jesu für seine Jünger, bevor er in den Himmel auffuhr. Beachte, was er verspricht, nachdem er uns den Auftrag gegeben hat, in alle Welt zu gehen und das Evangelium zu predigen:

> *Diese Zeichen aber werden die begleiten, die gläubig geworden sind: In meinem Namen werden sie Dämonen austreiben, sie werden in neuen Sprachen reden, Schlangen werden sie aufheben, und wenn sie etwas Tödliches trinken, wird es ihnen nichts schaden; Kranken werden sie die Hände auflegen, und sie werden sich wohl befinden. Der Herr nun wurde, nachdem er mit ihnen geredet hatte, aufgenommen in den Himmel und setzte sich zur Rechten Gottes. Sie aber gingen hinaus und verkündigten überall; und der Herr wirkte mit ihnen und bekräftigte das Wort durch die begleitenden Zeichen. — Markus 16,17–20*

Mit anderen Worten: Gott gebrauchte Wunder, um zu bestätigen, dass es tatsächlich er selbst war, der durch diese Menschen sprach. Diese Bibelstelle zeigt außerdem, dass der Herr die wahre Verkündigung und Lehre seines Wortes mit den begleitenden Zeichen bestätigt.

Auf dieser Grundlage können wir heute mit Fug und Recht infrage stellen, ob Gott wirklich durch bestimmte Prediger spricht, wenn die Wunder wirkende Kraft Gottes nicht durch sie fließt. Versteh mich jetzt nicht falsch. Ich sage nicht, dass jemand, bei dessen Dienst keine Heilungen geschehen, nicht von Gott gesandt ist. Genauso wenig sage ich, dass wir automatisch jedes Wort glauben sollten, wenn jemand ein Wunder tut. Du musst die Worte von Menschen immer anhand des Wortes Gottes prüfen. Trotzdem funktioniert es nach Gottes System so: Wenn sein Wort in Wahrheit gepredigt wird, werden Zeichen und Wunder folgen.

Wir leben in einem Zeitalter, in dem man die Botschaft der Errettung verzerrt hat und man nur noch einzelne Punkte betont. Denn bestimmte Aspekte der Errettung werden von den meisten Christen nicht mehr berücksichtigt und missverstanden. Viele Menschen predigen nur noch über die Vergebung der Sünden. Gott bestätigt all sein Wort, das wir predigen. Doch wenn sich unsere Verkündigung nur auf geistliche und ewige Werte und die Vergebung von Sünden beschränkt, werden wir erleben, dass Menschen zwar von neuem geboren werden – aber mehr nicht. Wenn wir jedoch den ganzen Plan Gottes verkündigen und lehren, wird er dies mit Zeichen und Wundern bestätigen. So hat Gott es in der Bibel festgelegt und so sollte es sein.

Für uns gilt das Gleiche!

Nicht alle wahren Männer und Frauen Gottes erleben heute Wunder, denn sie predigen nicht alles, was Gott für uns vorgesehen hat. Einige Menschen, die ich persönlich sehr schätze, sind der Offenbarung, die sie empfangen haben, treu geblieben. Sie haben erlebt, wie sich Menschen bekehrt haben und ihr Leben verändert wurde. Ich würde niemals behaupten, dass dies keine wahren Prediger sind. Doch es ist offensichtlich, dass sie nicht den ganzen Plan Gottes verkündigen. Gott will, dass sein Plan in vollem Umfang verkündigt wird, und er wird ihn mit den begleitenden Zeichen und Wundern bestätigen.

In Hebräer 2,3–4 lesen wir:

> *Wie wollen wir entfliehen, wenn wir eine so große Errettung missachten? Diese wurde ja zuerst durch den Herrn verkündigt und ist dann von denen, die ihn gehört haben, bestätigt worden, wobei Gott sein Zeugnis dazu gab mit Zeichen und Wundern und mancherlei Kraftwirkungen und Austeilung des Heiligen Geistes nach seinem Willen.*

Dies zeigt uns, dass Gott das Wort, das Jesus verkündigte, mit Wundern bestätigte. Als er in den Himmel auffuhr und die Jünger den Dienst auf Erden übernahmen, bestätigte Gott auch ihre Verkündigung mit Zeichen, Wundern und Gaben des Heiligen Geistes gemäß seinem Willen.

Heute kann niemand von sich behaupten, in besserer Weise zu wirken, als Jesus es getan hat. Tatsächlich erleben die meisten Christen in der Regel nicht die volle Manifestation der Kraft Gottes, so wie es bei den frühen Aposteln der Fall gewesen war. Für wen halten wir uns, wenn wir glauben, dass wir heute eine überlegene Salbung oder Fähigkeit hätten, Gott zu dienen, und deshalb auf Wunder verzichten könnten? Das ist doch der Gipfel der Arroganz. Wenn sowohl Jesus als auch die ersten Christen Zeichen, Wunder und Kraftwirkungen brauchten, um Gottes Botschaft zu bestätigen, dann gilt das auch für uns.

KAPITEL 2

Teil seines Erlösungswerks

Wenn wir Christen das Evangelium in seiner Fülle präsentieren würden – den ganzen Ratschluss Gottes –, würden wir heute einen viel größeren Einfluss auf die Welt ausüben. Gott möchte uns nicht nur unsere Sünden vergeben, sondern er liebt uns innig und sehnt sich danach, unseren Körper zu heilen, uns finanziell zu segnen und uns von Entmutigung und Depression zu befreien. Stell dir das vor!

Warum erscheinen unsere heutigen Kirchen und Gemeinden in den Augen der meisten Menschen als so kraftlos und unbedeutend? Einer der Hauptgründe ist, dass in der Verkündigung die Bedeutung Gottes auf das Jenseits beschränkt wird. Sie haben die Beziehung zu Gott zu einer Frage von Himmel oder Hölle gemacht und sprechen nicht darüber, dass er uns bereits jetzt liebt. Es wird nicht gelehrt, dass Gott uns bereits heute ein dynamisches und siegreiches Leben geben will. Es wird nicht in den Bereichen von Heilung, Wohlstand oder Befreiung gedient.

Ich habe einige Statistiken gesehen, die besagen, dass 85 Prozent der Bevölkerung der Vereinigten Staaten an Gott glauben, aber nur 10 bis 15 Prozent regelmäßig eine Gemeinde besuchen. Wollte man all diese Menschen, die an Gott glauben, vor Gericht für ihren Glauben verurteilen, ist es fraglich, ob man genügend Beweismaterial für die Anklage finden würde. Es gibt einen gewaltigen Unterschied zwischen denjenigen, die an die Existenz Gottes glauben, und denen, die eine lebendige Beziehung zu ihm haben.

Woher kommt das? Warum gibt es so viele Menschen, die zwar wissen, dass Gott existiert, aber keine innige Beziehung mit ihm suchen und ihn nicht zum Zentrum ihres Lebens machen? Obwohl es möglicherweise mehrere Gründe dafür gibt, ist meines Erachtens dafür ausschlaggebend, dass manche Kirchen und Gemeinden die Beziehung zu Gott als eine Frage von Himmel oder Hölle präsentieren. Sie verkündigen: »Lass dir einfach deine Sünden vergeben, damit du nicht in die Hölle kommst.«

Wirklich bedeutsam

Obwohl das stimmt – es gilt, den Himmel zu gewinnen und die Hölle zu verlieren, und um der Hölle zu entgehen, müssen Sünden vergeben sein –, erleben die meisten Menschen bereits im Diesseits eine derartige Hölle, dass sie sich nicht so sehr Gedanken über eine Hölle im Jenseits machen. Sie leben im Unfrieden, machen Ehescheidung durch, leiden an Krankheiten und haben große Angst vor dem, was in der Welt passiert. Sie haben weder gesehen noch gehört, dass der Herr sich auch um diese Probleme ihres täglichen Lebens kümmert. Sie denken, dass es bei Gott nur um das Jenseits gehe, das macht sie kurzsichtig. Sie sollten sich Gedanken über die Ewigkeit machen, doch sie sind zu sehr damit beschäftigt, sich wegen ihrer vielen Probleme über Wasser zu halten. Sie wissen zwar, dass Gott existiert, aber sie schieben es erst einmal auf – bis kurz vor ihrem Tod –, sich darüber Gedanken zu machen, denn sie sehen keinen Bezug zu ihrem gegenwärtigen Alltagsleben.

Was würde passieren, wenn die Gemeinde den Herrn besser repräsentieren würde, indem sie verkündigte: »Gott wird dich heilen und gesund halten. Gott wird dich befreien von Depression, Hoffnungslosigkeit und Streit. Gott wird dich segnen, und zwar mehr, als du es jemals durch eigene Anstrengung schaffen würdest.« Wenn wir die Wahrheit verkünden würden, dass es bei Gott nicht nur um die Vergebung der Sünden geht, sondern um alle Bereiche des Lebens, dann würden die Menschen erkennen, dass er auch für ihren Alltag von Bedeutung ist.

Wenn ein Kranker heutzutage in eine Kirche oder Gemeinde kommt, kann es vorkommen, dass man ihn fragt: »Warum kommst du zu uns? Geh zum Arzt.« Wenn ein Armer kommt, würde man sagen: »Warst du schon auf dem Amt und hast Sozialhilfe beantragt?« Wenn ein entmutigter, depressiver oder ein auf irgendeine Weise dämonisch belasteter Mensch kommt, schickt man ihn zum Psychiater oder einem Arzt, der ihm entsprechende Medikamente verschreibt. Doch das ist nicht die Haltung, die Gott von uns möchte. Die Gemeinde sollte den Nöten der Menschen begegnen! Weil wir das nicht tun, betrachten viele Menschen die Gemeinde als bedeutungslos für ihr gegenwärtiges Leben. Sie zweifeln nicht an der Existenz Gottes. Sie sehen nur keinen Grund, warum sie ihn brauchen sollten, bevor sie sich mit ihrem Tod auseinanderzusetzen haben. Das ist falsch!

Unser Vorbild Jesus hat das Thema Heilung betont. Ich folge ihm darin einfach nach. Wo immer Jesus auch hinging, hat er Menschen geheilt. Gott der Vater gebrauchte diese Wunder, um den Menschen zu zeigen, dass Jesus auf Erden die Vollmacht hat, Sünden zu vergeben. Er bestätigte damit die Botschaft Christi und bewies die Gültigkeit seiner Worte. Weil Gott das auf diese Weise mit Jesus gemacht hat, folge ich einem guten Vorbild.

Sowohl Ungläubigen als auch Christen wird ein verheerendes Signal gegeben, wenn fehlgeleitete Prediger solche Dinge sagen wie »Gott ist nicht zuständig für deine Heilung« oder »Er schlägt dich mit Krankheit, um dir eine Lektion zu erteilen«. Das ist völlig falsch!

Nicht nur eine »Zugabe«

Mein Vater starb nur einen Monat nach meinem zwölften Geburtstag. Davor hatte er eine ganze Weile im Koma gelegen. Also machte ich als Elfjähriger die schreckliche Erfahrung, meinen Vater über Monate hinweg sterben zu sehen. Die Gemeinde, in der ich aufwuchs, sagte, dass der Herr die Krankheit auf ihn gelegt habe, und dass es der Wille Gottes gewesen sei, dass er starb. Ich habe deswegen nicht gegen Gott rebelliert, doch tief in meinem Herzen wusste ich, dass da etwas nicht ganz stimmte.

Doch ich kann dir Beispiele von vielen anderen Menschen geben, die Ähnliches erlebt haben und dabei gegen Gott rebellierten. Die Geschichte dieses Mannes macht das besonders deutlich: Als Jugendlicher wusste er, dass es Gott gibt, und er suchte sogar nach ihm. Doch als seine Schwester starb, sagten ihm die religiösen Leute, dass Gott das getan habe. Er wandte sich vollkommen vom Herrn ab und ist heute ein überzeugter Atheist. Er beruft sich auf dieses Beispiel aus seinem Leben und sagt: »Du kannst mir nicht erzählen, dass Gott, wenn es ihn geben sollte, Menschen krank macht!« Diese falsche Darstellung Gottes, dass er angeblich Menschen krank macht, treibt viele Menschen vom Herrn weg und lässt sie ihm gegenüber verbittern.

Einzig die Gnade Gottes hat mich davon abgehalten, gegen Gott zu rebellieren, als man mir sagte: »Gott ist derjenige, der deinen Vater getötet hat.« Viele andere konnten das nicht so einfach wegstecken.

Zahllose Menschen sind sich sicher, dass Gott existiert, doch aus irgendeinem Grund wollen sie nichts mit ihm zu tun haben, oder sie erkennen einfach nicht, welche Bedeutung er für ihr alltägliches Leben haben sollte. Deswegen müssen wir das Thema Heilung besonders betonen. Wir müssen die Wahrheit des gesamten Ratschlusses Gottes verkünden. Heilung sollte nicht mehr von Bedeutung sein als Sündenvergebung, aber auch nicht weniger wichtig.

Als Jesus uns Vergebung für unsere Sünden zur Verfügung gestellt hat, hat er gleichzeitig auch für Heilung gesorgt.

Heilung ist nicht einfach nur eine »Zugabe« oder ein »Sonderbonus«, den es ab und zu gibt. Es ist ein unverzichtbarer Teil dessen, was Christus für uns getan hat. Jesus starb ebenso für die Heilung unseres Körpers, wie er für die Vergebung unserer Sünden gestorben ist. Genauso wie der Herr für uns Vergebung erworben hat, hat er auch Heilung erworben. Es ist alles Teil seines Erlösungswerks.

Unter Dach und Fach

Diese Wahrheit wird bei den meisten Christen heute nicht in ihrer Tiefe verstanden und geglaubt, was erklärt, warum nur so wenig Menschen Heilung erfahren. Die meisten Christen glauben, dass Gott natürlich heilen könnte, wenn er es wollte, doch sie erkennen nicht, dass er uns bereits von Krankheit und Leiden erlöst hat. Sie betrachten Heilung als etwas, was der Herr tun kann, doch sie wissen nicht mit Sicherheit, ob das sein Wille ist.

Wenn du erkennst, dass Heilung ein Teil des Erlösungswerks ist (das bereits vor zweitausend Jahren stattgefunden hat), wirst du auch verstehen, dass der Herr uns schon geheilt hat. Diesen Segen hat er für uns erworben. Diese Kraft ist schon erzeugt worden. Heilung ist unter Dach und Fach und genauso verfügbar für uns, wie es die Sündenvergebung ist.

KAPITEL 3

Sozo!

[Jesus], der sich selbst für unsre Sünden dahingegeben hat, dass er uns errette von dieser gegenwärtigen, bösen Welt nach dem Willen Gottes, unseres Vaters. — Galater 1,4 LUT

Jesus gab sich selbst für unsere Sünden, um uns von der *gegenwärtigen* bösen Welt zu erretten – und nicht nur von der zukünftigen.

Viele Menschen glauben, dass das, was Jesus durch seinen Tod, sein Begräbnis und seine Auferstehung für uns getan hat, nur für den geistlichen, ewigen Bereich von Bedeutung ist. Deswegen schreiben sie Lieder darüber, was für ein wunderbarer Tag es sein wird, wenn wir in den Himmel kommen. Natürlich wird es im Himmel herrlich sein, doch Jesus kam auch, um uns von der *gegenwärtigen* bösen Welt zu erretten. Wir wurden nicht nur von der Hölle, unseren Sünden und zukünftiger Strafe errettet, sondern Jesus kam auch, um uns jetzt in dieser natürlichen Welt zu erretten, zu beschützen und zu versorgen.

Ein allumfassendes Wort

Das griechische Wort *sozo* wird im Neuen Testament mehr als einhundert Mal gebraucht. Es ist ein allumfassendes Wort für das Erlösungswerk, das oft mit *retten* oder *errettet* übersetzt wird. Doch ein genauerer Blick darauf, wie dieses wichtige Wort außerdem übersetzt wird, macht deutlich, dass die Errettung mehr beinhaltet als nur die Vergebung von Sünden.

Im Zusammenhang mit der Vergebung von Sünden wurde *sozo* 38 Mal mit *erretten* übersetzt. Einige Beispiele dafür:

> *Sie wird aber einen Sohn gebären, und du sollst ihm den Namen JESUS geben, denn er wird sein Volk erretten [sozo] von ihren Sünden. — Matthäus 1,21*

> *Denn weil die Welt durch [ihre] Weisheit Gott in seiner Weisheit nicht erkannte, gefiel es Gott, durch die Torheit der Verkündigung diejenigen zu retten [sozo], die glauben. — 1. Korinther 1,21*

> *Daher kann er auch diejenigen vollkommen erretten [sozo], die durch ihn zu Gott kommen, weil er für immer lebt, um für sie einzutreten. — Hebräer 7,25*

Vergebung, Heilung und Befreiung

In Zusammenhang mit Sündenvergebung wird *sozo* in 35 weiteren Fällen mit *errettet* (Vergangenheitsform) übersetzt. Daneben gibt es Fälle, wo genau dieses griechische Wort mit *geheilt* bzw. *gesund werden* übersetzt wird.

> *[Jairus] flehte ihn [Jesus] um Hilfe an; er sagte: Meine Tochter liegt im Sterben. Komm und leg ihr die Hände auf, damit sie geheilt wird und am Leben bleibt! — Markus 5,23* EÜ

Die Wortgruppe »geheilt wird« bezieht sich auf körperliche Heilung. Wie die Geschichte zeigt, ist die Tochter von Jairus sogar gestorben, und Jesus weckte sie von den Toten auf (Mk 5,35–43). In diesem Fall bezieht sich *sozo* (geheilt) auf körperliche Heilung und sogar auf die Auferstehung von den Toten.

Das gleiche Wort, das sowohl für Sündenvergebung als auch für körperliche Heilung verwendet wird, wird auch für die Befreiung von Dämonen gebraucht.

Die es aber gesehen hatten, verkündeten ihnen, wie der Besessene geheilt [sozo] worden war. — Lukas 8,36 ELB

Niemand konnte diesen Mann halten, der gemeinhin als der besessene Gerasener bekannt war. Er zerriss buchstäblich die Ketten, mit denen man oft versucht hatte, ihn festzusetzen. Manchmal benötigt jemand Befreiung von Dämonen, bevor er Heilung empfangen kann. Dies ist in diesem Wort *sozo* enthalten.

Dieser hörte den Paulus reden; und als der ihn anblickte und sah, dass er Glauben hatte, geheilt zu werden [sozo] …
— Apostelgeschichte 14,9

Paulus sah diesen verkrüppelten Mann an und erkannte, dass er Glauben hatte, geheilt zu werden [sozo], und so geschah es (V. 8–10).

Die Rettungskraft Christi

Jakobus 5,15 ist ein klassisches Beispiel für die Rettungskraft Christi, die sowohl durch Heilung als auch durch Sündenvergebung in unserem Leben offenbar wird.

> *Und das Gebet des Glaubens wird den Kranken retten [sozo], und der Herr wird ihn aufrichten; und wenn er Sünden begangen hat, so wird ihm vergeben werden.*

In einem anderen Fall kannte Jesus die Gedanken der Schriftgelehrten und Pharisäer, und so fragte er sie:

> *Darf man am Sabbat Gutes tun oder Böses tun, das Leben retten [sozo] oder verderben? — Lukas 6,9*

Als sie nicht antworteten, wandte Jesus sich um und heilte den Mann mit der verdorrten rechten Hand (V. 8–11). Jesus sprach nicht nur über die Vergebung der Sünden. Es ging ihm auch um die Heilung des Körpers.

Gesund geworden

Das gleiche Wort, *sozo,* wird im Zusammenhang mit Heilung auch mit *gesund werden* übersetzt. Denke an das Beispiel von der blutflüssigen Frau:

> *Da wandte sich Jesus um und sah sie und sprach: Sei getrost, meine Tochter, dein Glaube hat dir geholfen [sozo].*

Und die Frau wurde gesund [sozo] zu derselben Stunde.
— Matthäus 9,22 LUT

Im Glauben berührte sie den Saum seines Gewandes und empfing Heilung. Sie wurde *sozo* – gesund. Dies ist das gleiche griechische Wort, das synonym für die Vergebung von Sünden gebraucht wird. Hier bezieht es sich wiederum auf körperliche Heilung.

Das gleiche Ereignis wird im Markusevangelium beschrieben und hier sehen wir, dass die Frau, bevor sie Jesus berührte, Folgendes sagte:

Wenn ich nur seine Kleider berühre, so werde ich gesund [sozo].
— Markus 5,28 LUT

Sozo wird elf Mal in der Bibel mit *gesund werden* übersetzt. Gottes Wort zeigt uns ganz offensichtlich, dass Errettung nicht nur auf die Vergebung der Sünden begrenzt ist.

Und wo er in Dörfer oder Städte oder Gehöfte einkehrte, da legten sie die Kranken auf die freien Plätze und baten ihn, dass sie nur den Saum seines Gewandes anrühren dürften. Und alle, die ihn anrührten, wurden gesund [sozo].
— Markus 6,56

Als Jesus hörte, dass die Tochter von Jairus gestorben war, antwortete er diesem und sprach:

Fürchte dich nicht; glaube nur, so wird sie gesund [sozo]!
— Lukas 8,50 LUT

Der Herr bezog sich auf ihre körperliche Heilung.

Überreiche Versorgung

Errettung bedeutet nicht nur Vergebung von Sünden, sondern beinhaltet auch die Heilung unseres Körpers, Befreiung und finanzielles Wohlergehen. Viele Christen in unseren heutigen Kirchen und Gemeinden sehen Errettung nur als Vergebung von Sünden an, doch das wird dem nicht gerecht, was der Herr für uns getan hat. Die Vergebung der Sünden ist natürlich das Kernstück unserer Errettung, ich schmälere das nicht im Geringsten. Doch in dem Moment, als Christus starb, um unsere Erlösung von Sünde zu erwerben, hat er uns gleichzeitig von Krankheit, Leid, Bedrückung und Armut befreit.

In 2. Korinther 8,9 lesen wir sehr deutlich über das Sühnewerk und unsere Erlösung von Armut:

> *Denn ihr kennt ja die Gnade unseres Herrn Jesus Christus,*
> *dass er, obwohl er reich war, um euretwillen arm wurde,*
> *damit ihr durch seine Armut reich würdet.*

Jesus wurde arm, sodass wir durch seine Armut reich würden – überreich versorgt. Durch Christi Tod, Begräbnis und Auferstehung hat Gott für alles gesorgt, was wir in diesem und dem zukünftigen Leben benötigen: Vergebung der Sünden, Heilung, Befreiung und Wohlstand. Ist Gott nicht gut!

KAPITEL 4

Das Komplettpaket

Jesus starb nicht allein nur für unsere Sünden und Heilung ist nicht bloß etwas, was er tun könnte, wenn er wollte. Nein! Christus hat für die Heilung unseres Körpers genauso bezahlt wie für die Vergebung unserer Sünden. Er hat durch sein Erlösungswerk das alles auf einmal für uns erworben. Das mag sich von dem unterscheiden, was heute in Kirchen und Gemeinden gepredigt wird, doch die Bibel bestätigt es uns.

Schau dir Psalm 103,1–3 an, wo es heißt:

Lobe den Herrn, meine Seele, und alles, was in mir ist, seinen heiligen Namen! Lobe den Herrn, meine Seele, und vergiss nicht, was er dir Gutes getan hat! Der dir alle deine Sünden vergibt und heilt alle deine Gebrechen.

Vers 2 sagt uns ausdrücklich, dass wir all seine Wohltaten an uns nicht vergessen sollen. Der Herr vergibt uns alle unsere Sünden und heilt alle unsere Gebrechen (V. 3). Im Neuen Testament wird dies in 1. Petrus 2,24 (NLB) bekräftigt:

An seinem eigenen Körper hat er unsere Sünden an das Kreuz hinaufgetragen, damit wir für die Sünde tot sind und für die Gerechtigkeit leben können. Durch seine Wunden seid ihr geheilt worden!

Sowohl Psalm 103,3 als auch 1. Petrus 2,24 erwähnen Vergebung von Sünden und körperliche Heilung gemeinsam in ein und demselben Vers als das, was Errettung für uns bedeutet. Die Bibel führt das, was Jesus durch sein Erlösungswerk getan hat, nicht als voneinander getrennte Dinge auf. Das tun nur wir Menschen. Aus Gottes Sicht ist Errettung ein Komplettpaket.

Zusatzleistungen?

Manche Menschen sagen: »Wir wollen nicht über Heilung, Befreiung oder Wohlstand sprechen. Konzentrieren wir uns einfach auf die Vergebung von Sünden. Dem kann jeder zustimmen. Das ist der wichtigste Teil des Erlösungswerks. Alles andere sind bloß Zusatzleistungen.« Zusatzleistungen? Ich halte das für eine Beleidigung Gottes!

Stell dir einmal vor, ich hätte all die Dinge für dich getan, die Jesus für uns getan hat. Ich wäre gestorben, damit deine Sünden vergeben werden; ich hätte Schläge ertragen, um Heilung für dich zu erwerben; ich wäre von Gott, meinem Vater, getrennt worden, damit du niemals von ihm getrennt werden musst; ich wäre arm geworden, damit du durch meine Armut reich werden kannst. Und dann kämst du und sagtest: »Vielen Dank für alles, was du für mich getan hast, aber ich nehme nur ein Viertel davon in Anspruch. Vergebung von Sünden ist das Wichtigste, und nur darauf will ich mich konzentrieren. Das heißt, ich werde Heilung für meinen Körper, Befreiung von dämonischer Unterdrückung oder finanziellen Segen nicht in Anspruch nehmen. Das will ich gar nicht alles. Du hast mehr als genug für mich getan, daher werde ich demütig und bescheiden sein und nur ein Viertel von dem in Anspruch nehmen, was du getan hast.« Du würdest mir damit keinen Gefallen tun, wenn du nur ein Stückchen von dem nehmen würdest, was ich alles für dich getan habe.

Das würde mir nicht gefallen. Vielmehr würde ich mich fragen: *Wofür soll das gut gewesen sein, dass ich all diese Dinge erlitten habe, wenn du sie nicht in Anspruch nimmst?*

So sehr hat Gott die Welt geliebt, dass er seinen eingeborenen Sohn gab (Joh 3,16). Der Grund war nicht nur, dass Menschen *nicht* in die Hölle gehen. Jesus errettete uns von Sünde, Krankheit, Gebrechen und Armut. Er gab sich selbst als vollkommenes Sühneopfer hin, um uns von dieser gegenwärtigen bösen Welt zu erretten (Gal 1,4).

Es würde mir nicht gefallen, wenn du nur einen kleinen Teil von dem in Anspruch nimmst, wofür ich gelitten und geblutet habe, gestorben und auferstanden bin, denn schließlich habe ich es doch alles für dich getan. Wenn ich wie Gott wäre, würde ich dich noch immer lieben, dessen bin ich mir sicher. Doch es würde mir nicht gefallen. Ich behaupte nicht, dass Gott wütend auf diese Menschen ist, doch ich bin sicher, dass er enttäuscht darüber ist, dass er all das für uns zur Verfügung gestellt hat, und so viele von uns es einfach nicht in Anspruch nehmen.

Im Grunde genommen wurde uns Christen immer wieder gepredigt: »Vergebung von Sünden ist alles, wofür Jesus gebüßt hat. Gott ist natürlich Gott, deswegen kann er heilen, wenn er das will, doch das ist bloß das Sahnehäubchen. Das ist eine Zugabe. Es ist kein Bestandteil des Basispakets.« Nein, Gottes Wort offenbart eindeutig, dass Heilung ein fester Bestandteil der Errettung ist. Heilung gehört ebenso zum Erlösungswerk wie die Vergebung von Sünden!

Aktiv dagegen ankämpfen

Wenn diese Offenbarung erst einmal fest in deinem Herzen verankert ist, wird das dazu führen, dass du diese falschen Lehren ablehnst, die dir weismachen wollen: »Gott ist es, der Menschen sterben lässt. Er legt dir Krankheit auf, um dich zu demütigen und dich durch all dieses Leid zu erlösen und zu vervollkommnen.« Nein! Jesus starb für die Vergebung deiner Sünden und für die Heilung deines Körpers. Beides ist Teil des vollständigen und vollbrachten Erlösungswerks. Das bedeutet, dass Jesus weder Krankheiten auf dich legen noch dich zur Sünde verleiten wird. Wenn du diese Haltung einnimmst, wirst du sagen: »Ich beuge mich genauso wenig vor Krankheit wie ich mich der Sünde hingeben würde.« Sobald du diese Denkweise entwickelst, wirst du erleben, wie Heilung in deinem Körper wirksam wird.

Warum erleben Menschen Heilung nicht in einem größeren Ausmaß? Ein Grund dafür ist, dass sie, was Heilung angeht, nicht fest entschlossen sind. Sie akzeptieren körperliche Gebrechen, indem sie denken: *Ach, das ist doch ganz natürlich.* Schlimmer noch, oft wird ihnen gesagt: »Gott macht dich krank.« In Jakobus 4,7 steht:

So unterwerft euch nun Gott!
Widersteht dem Teufel, so flieht er von euch.

Das Wort *widerstehen* bedeutet, aktiv zu bekämpfen. Wie kannst du aktiv gegen den Teufel – und die von ihm kommenden Krankheiten, Gebrechen und Leiden – kämpfen, wenn du glaubst, dass Gott sie stattdessen schickt? Wenn Satan dich nur davon überzeugen kann, dass der Herr deine Krankheit will, wirst du nicht aktiv dagegen ankämpfen. Du magst Gott bitten und flehen, dass er dich von Krankheit befreit, doch solange du nicht weißt, dass nicht Gott der Urheber von Krankheit ist, wirst du auch nicht dagegen ankämpfen. Wenn du nicht glaubst, dass Jesus deine Heilung als Teil seines Erlösungswerks erworben hat, wirst du Krankheit und Gebrechen nicht widerstehen. Wenn du in deinem Herzen nicht davon überzeugt bist, dass Gott möchte, dass du gesund bist, bittest du vielleicht darum, von der Krankheit befreit zu werden, doch du wirst sie nicht aktiv bekämpfen oder im Glauben für Heilung einstehen.

Du musst gegen Krankheit die gleiche Haltung einnehmen wie gegen Sünde! Ich verurteile dich nicht, wenn du krank wirst, genauso wenig wie ich dich verurteilen würde, wenn du sündigst (Röm 8,1–2). Christen sind erlöst von Sünde. Die Macht der Sünde über uns wurde gebrochen und wir sind der Sünde gestorben (Röm 6,11–14.) Wir sollten nicht in Sünde leben, doch es gibt Vergebung. Wenn du trotzdem sündigst, gibt es Gnade, ich verurteile dich also nicht dafür. Jeder wiedergeborene Gläubige muss die Tatsache eingestehen, dass wir nicht gemäß Gottes Maßstäben leben, und ich verurteile niemanden dafür. Ebenso verurteile ich einen Christen nicht dafür, krank zu sein. Was ich allerdings verurteile, ist deine Einstellung, wenn du denkst: *Gott möchte, dass wir krank sind.* Diese Einstellung ist genauso schlimm als würden wir sagen: *Gott möchte, dass wir sündigen.* Nein, das wäre völlig falsch. Jesus hat uns von Sünde erlöst und im gleichen Moment hat er uns auch von Krankheit erlöst.

Nun, sicherlich wirst du etwas daraus lernen, wenn du sündigst. Du kannst deinen Verstand ausschalten, Drogen nehmen oder Dummheiten machen, die dazu führen, dass du einen Autounfall hast oder verhaftet wirst. Du kannst dich betrinken oder der Unmoral und Perversion verfallen und dir eine sexuell übertragbare Krankheit einfangen. Aus diesen Erfahrungen kannst du lernen, dass es dumm ist, solche Dinge zu tun, und dass du stattdessen weitaus Besseres tun könntest. Doch das bedeutet nicht, dass Gott will, dass du dich betrinkst, einen Autounfall hast oder verhaftet wirst, nur um dir zu zeigen, dass du besser ein Gott wohlgefälliges Leben führen solltest. Du kannst aus solchen Erfahrungen lernen, doch möchte Gott, dass du all das tust? Nein. Niemand würde behaupten: »Gott hat dafür gesorgt, dass ich mich betrinke, Drogen nehme und verhaftet werde, um mich demütig zu machen.« Das würden wir doch niemals sagen, denn wir wissen, dass Jesus gestorben ist, um uns von Sünde zu befreien.

Vom Teufel überwältigt

Genauso wie Jesus gestorben ist, um dich von Sünde zu befreien, starb er auch, um dich von Krankheit zu befreien. Genauso wie Christus dich nicht zur Sünde verführt, gibt er dir weder Gebrechen noch Krankheit. Gott ist nicht der Urheber von Krankheit!

In Apostelgeschichte 10 verkündigte Petrus dem Kornelius und seinem gesamten Haus das Evangelium. Er fasste das Leben und den Dienst Jesu mit diesen Worten zusammen:

> *Wie Gott Jesus von Nazareth mit Heiligem Geist und Kraft gesalbt hat, und wie dieser umherzog und Gutes tat und alle heilte, die vom Teufel überwältigt waren; denn Gott war mit ihm. — Apostelgeschichte 10,38*

Beachte, dass das Wort sagt, dass er Gutes tat, als Jesus umherzog und die Menschen heilte. Heutzutage denkt man in so manchen Kirchen und Gemeinden, dass Menschen, die für andere beten, um Heilung einzufordern, vom Teufel sind. Das steht im Gegensatz zu dem, was Gottes Wort in diesem Vers sagt. Die Bibel erklärt, dass es gut war, als Jesus die Kranken heilte, und dass es Gott verherrlichte. Dinge, die Gott verherrlichen und die Menschen näher zu ihm hinziehen, sind niemals vom Teufel. Satan heilt keine Menschen.

Jesus hat überall Gutes getan und er heilte alle, die vom Teufel überwältigt waren. Beachte, dass sie *vom Teufel* überwältigt waren – und nicht von Gott. Gott ist nicht der Urheber von Krankheit, Gebrechen oder Leid.

Erfüllte Prophetie

In Kapitel 53 weissagte Jesaja mit mächtigen Worten über den kommenden Messias. Er sagte:

> *Verachtet war er und verlassen von den Menschen, ein Mann der Schmerzen und mit Leiden vertraut; wie einer, vor dem man das Angesicht verbirgt, so verachtet war er, und wir achteten ihn nicht. Fürwahr, er hat unsere Krankheit [o. Leiden] getragen und unsere Schmerzen auf sich geladen; wir aber hielten ihn für bestraft, von Gott geschlagen und niedergebeugt. Doch er wurde um unserer Übertretungen willen durchbohrt, wegen unserer Missetaten zerschlagen; die Strafe lag auf ihm, damit wir Frieden hätten, und durch seine Wunden sind wir geheilt worden. — Jesaja 53,3-5*

Früher habe ich diesen Abschnitt immer in abgeänderter Form gehört, in dem man es so ausgelegt hat: »Hier geht es nicht um körperliche Heilung. Hier geht es um emotionale und geistige Heilung. Im übertragenen Sinne humpeln wir alle als Krüppel durchs Leben, weil die Sünde uns solch großen Schaden zugefügt hat.

Jesus kam, um uns davon zu befreien.« Doch wenn du die Wortbedeutungen im hebräischen Grundtext studierst, dann bezieht sich der Abschnitt ausdrücklich auf körperliche Heilung, insbesondere Vers 4.

Die Passage in Matthäus 8,16–17 beschreibt sogar, wie Jesus genau diese Prophetie aus Jesaja 53,4 erfüllt.

> *Als es aber Abend geworden war, brachten sie viele Besessene zu ihm, und er trieb die Geister aus mit einem Wort und heilte alle Kranken, damit erfüllt würde, was durch den Propheten Jesaja gesagt ist, der spricht: »Er hat unsere Gebrechen weggenommen und unsere Krankheiten getragen«.*

Beachte, wie Matthäus unter der Inspiration des Heiligen Geistes Jesaja 53,4 zitiert und die Ausdrücke *Leiden und Schmerzen* mit *Gebrechen und Krankheiten* wiedergibt. Diese Bibelstelle macht eindeutig klar, dass Jesaja nicht von geistlicher oder emotionaler Heilung gesprochen hat. Natürlich sind geistliche und emotionale Heilung ebenso Bestandteile unserer Errettung, doch diese Verse sprechen ganz deutlich von der Heilung des Körpers. Dies beweist der Zusammenhang im Matthäusevangelium. Die Bibel sagt, dass es die Erfüllung von Jesajas Prophetie war, als Jesus die Dämonen austrieb und alle Kranken heilte.

Im Licht von Matthäus 8,16–17 wird klar, dass es nicht nur um irgendeine Form von geistlicher oder emotionaler Heilung geht, wenn Jesaja 53,4–5 sagt, dass er unsere Leiden auf sich geladen und unsere Krankheiten getragen hat, und dass wir durch seine Wunden geheilt sind. Es geht vielmehr um unsere körperliche Heilung. Der Kommentar von Matthäus 8 über Jesaja 53 belegt diese wichtige Wahrheit.

Das Erlösungswerk aufsplitten

Wir haben bereits viele Bibelstellen betrachtet, die ganz klar körperliche Heilung als einen wesentlichen Bestandteil des Erlösungswerks Christi offenbaren. Weil Jesus dafür gelitten hat, gestorben und auferstanden ist, um uns Heilung zu geben, ist es keine optionale Angelegenheit. Deswegen ist es falsch zu sagen: »Lass uns nicht über Heilung predigen. Lass uns den Schwerpunkt auf Vergebung von Sünden legen.« Auf diese Weise wird das Erlösungswerk aufgespalten, da man im Grunde sagt: »Manches von dem, was Jesus getan hat, ist wichtig, anderes nicht.« Das ist nicht wahr. Alles, was Jesus für uns getan hat – alles, wofür er gelitten hat, gestorben und wieder auferstanden ist –, ist wichtig.

Wir ehren den Herrn nicht, indem wir uns Dinge herauspicken und nur ein halbwahres Bild der Botschaft wiedergeben, die er uns wirklich aufgetragen hat. Wir verherrlichen Gott nicht, wenn wir einen wichtigen Bestandteil des kompletten Erlösungspakets, das er uns zur Verfügung gestellt hat, ignorieren, leugnen oder anzweifeln. Wir haben die Botschaft des Evangeliums für viele Menschen bedeutungslos gemacht, weil sie denken, es gehe dabei nur um die Zukunft. Sie erhalten den Eindruck, dass Errettung nichts mit unserer gegenwärtigen Situation zu tun habe, und das ist total falsch.

KAPITEL 5

Krankheit und Sünde

Es ist immer Gottes Wille, uns zu heilen. Das wissen wir, weil Jesus immer nur das tat, was er den Vater tun sah.

> *Da antwortete Jesus und sprach zu ihnen: Wahrlich, wahrlich, ich sage euch: Der Sohn kann nichts von sich selbst aus tun, sondern nur, was er den Vater tun sieht; denn was dieser tut, das tut gleicherweise auch der Sohn. — Johannes 5,19*

Gott, der Sohn, ist das Ebenbild von Gott, dem Vater.

> *Er ist der Abglanz seiner Herrlichkeit und das Ebenbild seines Wesens und trägt alle Dinge mit seinem kräftigen Wort und hat vollbracht die Reinigung von den Sünden und hat sich gesetzt zur Rechten der Majestät in der Höhe.*
> *— Hebräer 1,3 LUT*

Der griechische Begriff, der mit *Ebenbild* übersetzt wird, bezeichnet eine identische Kopie oder ein vollkommenes Abbild. Gottes Wort offenbart uns also, dass Jesus Christus die identische Kopie und das vollkommene Abbild seines Vaters ist. Er sprach nur das, was er den Vater sagen hörte, und er tat nur das, was er seinen Vater tun sah. Daher können wir sicher sein, dass wir den Willen Gottes hinsichtlich Heilung erkennen, wenn wir das Leben Jesu betrachten.

Vollkommenes Abbild

Es gibt in den Evangelien kein einziges Beispiel dafür, dass Jesus jemanden krank gemacht hat. In vielen heutigen Kirchen und Gemeinden wird verkündigt: *Gott lässt Menschen krank werden*. Das würde dem vollkommenen Abbild, das Jesus uns vom Vater gegeben hat, aber völlig widersprechen. Nicht ein einziges Mal hat Jesus jemanden krank werden lassen. Nicht ein einziges Mal hat er jemandem Heilung versagt. Es gibt zwar einige Beispiele dafür, dass Menschen keine Heilung von ihm empfangen wollten, doch es lag nicht daran, dass Jesus sie ihnen vorenthalten hat. Sie wollten sie einfach nicht annehmen (darauf werde ich später noch eingehen). Nicht ein einziges Mal hat Jesus gesagt: »Nein, Gott will, dass du krank bist.« Er legte niemals jemandem die Hände auf und gab der Person ein Gebrechen oder eine Krankheit. So hat Jesus Gott den Vater nicht abgebildet.

Wir finden 17 Berichte in den Evangelien darüber, dass Jesus *alle* Kranken heilte, die anwesend waren. Es gibt 47 weitere Begebenheiten, wo Jesus mindestens einen Menschen oder zwei auf einmal heilte (siehe auch den Abschnitt »Will Gott immer heilen?« am Ende dieses Buches). Doch du findest kein einziges Beispiel dafür, dass Jesus einem Menschen die Heilung versagte oder jemanden krank machte.

> *Wie Gott Jesus von Nazareth mit Heiligem Geist und Kraft gesalbt hat, und wie dieser umherzog und Gutes tat und alle heilte, die vom Teufel überwältigt waren; denn Gott war mit ihm. — Apostelgeschichte 10,38*

Gott ist nicht der Urheber von Krankheit – er ist der Urheber von Heilung.

Segen oder Fluch?

Selbst unter dem Gesetz des Alten Testaments wurden Krankheit, Gebrechen und Leiden nie als ein »Segen« betrachtet. In 5. Mose 28,1–14 sind die Segnungen aufgelistet, die denen verheißen sind, die Gottes Gebote halten. Die Verse 16 bis 68 beschreiben die Flüche, die auf all die kommen, die es nicht tun.

Allerdings musst du verstehen, dass wir heute unter dem neuen Bund leben. Wir müssen nicht mehr das ganze Gesetz des Alten Testaments halten, um die Segnungen Gottes zu empfangen. Jesus hat uns vom Fluch des Gesetzes erlöst, sodass wir den Segen durch unseren Glauben an ihn empfangen können.

> *Christus hat uns losgekauft von dem Fluch des Gesetzes, indem er ein Fluch wurde um unsertwillen (denn es steht geschrieben: »Verflucht ist jeder, der am Holz hängt«), damit der Segen Abrahams zu den Heiden komme in Christus Jesus, damit wir durch den Glauben den Geist empfingen, der verheißen worden war. — Galater 3,13–14*

Daher haben wir in Christus durch Glauben Zugang zu den Segnungen, die in 5. Mose 28 aufgeführt sind, und in Christus wurden wir erlöst und errettet von den Flüchen, von denen wir in 5. Mose 28 lesen. Trotzdem zeigt uns dieses Kapitel der Bibel auch heute noch, was Gott als *Segen* oder als *Fluch* bezeichnet.

Stell dir eine Schultafel vor, die durch eine Mittellinie in zwei Spalten geteilt ist. Über der linken Spalte steht das Wort *Segnungen*, über der rechten Spalte steht das Wort *Flüche*. Gemäß 5. Mose 28 würde Gesundheit links in der Spalte *Segnungen* erscheinen, und Krankheit würde rechts in der Spalte *Flüche* aufgeführt werden. Doch viele der Christen heute drehen das einfach um und sagen:

»Oh nein. Es ist wirklich ein Segen, dass Gott mir diese Krankheit gegeben hat.« Das ist nicht wahr.

Hindernisse

Kann es etwas Gutes bringen, wenn Menschen krank sind? Natürlich. Es ist genau wie bei denjenigen, die auf die harte Tour aus ihren Sünden lernen. Während sie etwas total Falsches tun, stellen sie plötzlich fest: »Mensch, mein Leben ist völlig aus der Bahn geraten. Ich bin total am Ende. Vielleicht bin ich sogar von Dämonen besessen. Ich muss mich wieder Gott zuwenden!« Also rufen sie im Glauben den Namen des Herrn an, empfangen Errettung und werden befreit. Ich habe sogar mit Menschen gesprochen, die wegen Mord verhaftet wurden und in der Todeszelle saßen. Dort haben sie sich für den Herrn entschieden und sind von neuem geboren worden. Einige Gefängnisinsassen haben in einer solchen Situation mein Radioprogramm gehört und Briefe an mich geschrieben. Gott gebrauchte das, was in ihrem Leben geschehen ist, um sie ans Ende ihrer eigenen Kraft zu bringen, damit sie von neuem geboren werden. Nun ist ihr ganzes Leben verändert, sie sind auf wunderbare Weise errettet und dienen Gott. Ich bin sicher, du erkennst, dass es so geschehen kann. Doch wäre es richtig zu behaupten, dass der Herr sie dazu gebracht hat, einen Mord zu begehen? Nein, das war nicht Gott. Ich kann dir garantieren, dass der Herr versucht hat, sie aufzuhalten und ihnen Hindernisse in den Weg zu legen.

Gott versuchte, die zwei Jugendlichen davon abzuhalten, am 20. April 1999 an der Highschool in Columbine Amok zu laufen. Sie töteten zwölf Mitschüler, einen Lehrer und anschließend sich selbst, 23 weitere Personen wurden verletzt. Einer der beiden Jungs besuchte eine Woche vor seiner Tat eine Jugendbibelstunde. Der Pastor, der die Bibelstunde abhielt, empfing vom Herrn ein Wort der Erkenntnis, unterbrach den Unterricht und sagte: »Hier ist jemand, der darüber nachdenkt, entweder sich selbst oder andere zu töten.« Für eine ganze Weile gab er demjenigen Gelegenheit, sich zu melden, um für sich beten zu lassen, ja er bat sogar inständig darum, doch der Junge tat es nicht. Eine Woche später brachte dieser Junge zusammen mit einem anderen all diese Menschen um. Gott stellte diesem jungen Mann ein Hindernis in den Weg. Er ging auf ihn ein und versuchte, ihn von diesem Vorhaben abzubringen. Es war nicht Gott, der ihn dazu brachte, andere Menschen zu töten, dann sich selbst umzubringen und in die Hölle zu schicken. Nein, Gott versuchte ihn aufzuhalten.

Es gibt andere Menschen, die jemanden umgebracht haben, und dann an einen Punkt kamen, wo sie sich im Glauben Gott zuwandten und Buße taten. Der Herr kann sogar die Dinge gebrauchen, die der Teufel in unserem Leben tut, doch das bedeutet nicht, dass Gott sie verursacht hat.

In gleicher Weise sorgt Satan dafür, dass Menschen krank, schwach und gebrechlich werden. Doch wenn sie in diese schrecklichen Situationen geraten, schreien sie zu Gott und wenden sich von ganzem Herzen ihm zu. Und Gott hört ihr Gebet. Nachdem sie auf wunderbare Weise errettet werden, stellen manche Menschen fest, dass sie bis dahin völlig ichbezogen waren. Sie haben sich weder um Gott noch um sonst jemanden gekümmert. Möglicherweise lernen sie eine wertvolle Lektion aus ihrer Krankheit und deswegen schreiben sie es irrtümlicherweise Gott zu, diese Krankheit verursacht zu haben. Gott würde genauso wenig jemanden krank machen, um ihn zu demütigen, wie er jemanden deswegen zu einem Mord anstiften würde.

Widerstehe Krankheit

Heilung ist genauso Teil des Erlösungswerks Christi wie Vergebung der Sünden. Ich sollte Krankheit genauso widerstehen wie ich niemals sagen würde: »Nun, Gott, ich weiß, dass du mir helfen kannst, nicht zu sündigen. Doch ich bin nicht sicher, ob du willst, dass ich nicht sündige. Vielleicht willst du ja, dass ich sündige.« Niemand würde eine solche Haltung einnehmen, doch wenn es um Heilung geht, tun Christen heute genau das. »Gott, wir wissen: Du kannst, wenn du willst. Wir bitten dich, heile uns.« Und dabei belassen sie es. Wenn sie geheilt werden, war es Gottes Wille. Werden sie nicht geheilt, kann es nicht sein Wille gewesen sein.

Das ist genauso falsch, als würde jemand beten: »Gott, wenn du nicht willst, dass ich Ehebruch begehe, dann halte mich auf.« Und wenn derjenige es nicht tut, sagt er: »Danke, Gott, dass du mich davon abgehalten hast.« Sollte er es dennoch tun, würde er sagen: »Es muss Gottes Wille gewesen sein, dass ich Ehebruch begehe.« So etwas würden wir doch nie sagen, weil Ehebruch eine Sünde ist. Aber bei Heilung sind wir uns nicht sicher. Nein, Heilung ist genauso bezahlt und für uns verfügbar wie Vergebung von Sünde. Deswegen sollten wir Krankheit und Leiden genauso hassen wie Sünde.

Solange du Krankheit und Sünde irgendwie erdulden kannst, wirst du es auch tun. Doch wenn du einmal an den Punkt kommst, an dem du sagst: »So lebe ich nicht, ich werde das nicht tun, lieber sterbe ich, als das zu tun«, wirst du anfangen zu erleben, wie Sünde in deinem Leben immer weiter abnimmt. Sobald du die Haltung einnimmst: *Ich werde Krankheit, Gebrechen und Leiden nicht erdulden, ich widerstehe ihnen in Jesu Namen!*, wirst du anfangen zu erleben, wie Heilung in deinem Leben sichtbar wird.

Natürlich steckt da noch mehr dahinter. Unter anderem gibt es Gesetze, die festlegen, wie Heilung funktioniert. Es gibt viel darüber zu lernen, wie wir Heilung von Gott empfangen, doch dies muss deine Grundlage sein: Heilung ist Bestandteil des Erlösungswerks Christi.

Gottes Wille ist klar

Ich erlebe einen enormen Sieg im Bereich von Heilung, sowohl persönlich als auch im Dienst an anderen. Sofern du nicht bessere Resultate erzielst als ich, solltest du über diese Wahrheiten nachdenken, über die ich hier schreibe. Dies ist eine grundlegende Wahrheit, die alles Weitere in Gang setzt: Genauso wie Jesus gestorben ist, um unsere Sünden zu vergeben, hat er unsere Striemen an *seinem* Körper ertragen, um *unseren* Körper zu heilen.

Alle Menschen, deren Leben ich studiert habe und in deren Leben und Dienst regelmäßig die heilende Kraft Gottes offenbar wurde, hatten ausnahmslos dieses gleiche Glaubensfundament. Ich spreche hier nicht über Leute, die hin und wieder einmal Heilung erleben. Auch ein blindes Huhn findet mal ein Korn. Ich meine vielmehr Menschen, die in göttlicher Gesundheit leben und beständig Heilungswunder erleben. Jeder einzelne von ihnen glaubt, dass Heilung ein Teil des Erlösungswerks des Herrn Jesus Christus ist. Sie glauben, dass Gott immer heilen will, so wie er auch immer retten will.

Solange du nicht zu dieser Haltung gelangst, wird Satan dich immer wieder passiv sein lassen. Denk dran: Du musst dem Teufel widerstehen – ihn aktiv bekämpfen –, dann flieht er von dir (Jak 4,7). Du musst verstehen und glauben, dass Heilung von Gott kommt und Krankheit von Satan. Sobald du diese klare

Unterscheidung in deinem Herzen getroffen hast, musst du dem Teufel widerstehen – und mit ihm auch allen Krankheiten, Gebrechen und Leiden, die er dir über den Weg schickt. Du kannst nicht einfach in passiver Weise sagen: »Herr, wenn es dein Wille ist, dann heile mich.« Du musst in deinem Herzen von der Wahrheit des Wortes Gottes, was Heilung anbelangt, überzeugt sein, und dann dem Teufel aktiv entgegenstehen.

Gottes Wort ist sein Wille und es ist ganz klar:

Mein Lieber, ich wünsche dir in allen Dingen Wohlergehen und Gesundheit, so wie es deiner Seele wohlgeht! — 3. Johannes 2

Auf den Punkt gebracht: Heilung ist Gottes Wille für dich!

KAPITEL 6

Eine faule Ausrede

Heilung ist ein Bestandteil des Erlösungswerks Christi. Es ist keine eigenständige Angelegenheit neben der Errettung. Das gleiche griechische Wort, das im Neuen Testament mehr als einhundert Mal für *Errettung* steht, wird im Zusammenhang mit der Heilung von Kranken ebenso mit *geheilt, gesund gemacht* und *gerettet* übersetzt. Es war nie Gottes Absicht, dass das Werk, das Jesus durch seinen Tod, sein Begräbnis und seine Auferstehung vollbracht hat, aufgebrochen und in verschiedene Einzelteile zerlegt wird.

Manche Menschen sagen: »Wir akzeptieren die Vergebung von Sünden, doch wir lehnen Heilung, Wohlstand und Befreiung ab.« Nein, alles zusammen ist ein Komplettpaket. Es ist falsch, dass Kirchen und Gemeinden Heilung als eine Art Zusatzleistung darstellen, die, wie sie meinen, geschehen könne, doch natürlich kein Teil unserer Erlösung sei. Es bleibe dem Herrn überlassen, ob er heilen wolle oder nicht. Gott will dich genauso heilen, wie er dir vergeben will. Er möchte, dass du Krankheit und Leiden ebenso widerstehst, wie er möchte, dass du der Sünde widerstehst.

Teil des Sündenfalls

Ich habe mir oft die Frage gestellt, warum man auf die Idee kommt, gegen Heilung anzukämpfen. Alle Menschen haben das Verlangen, gesund zu sein. Wenn man nur einmal an all die Anstrengungen denkt, die manche Menschen unternehmen, damit ihr Körper gesund wird. Sie geben unsägliche Summen von Geld für Arztbesuche, Medikamente und Operationen aus. Wie viele Menschen nehmen heute alle möglichen Medikamente? Sie nehmen Arzneimittel, die viele Nebenwirkungen haben. Als ich von einigen dieser Nebenwirkungen gehört habe, dachte ich so bei mir: *Ich bliebe lieber krank, als all diese Nebenwirkungen zu bekommen.* Und doch nehmen viele Menschen sie in Kauf. Sie gehen zur Bestrahlung und zur Chemotherapie, bis ihre Haare ausfallen. Sie nehmen Medikamente, die ihren Körper anschwellen lassen. Manche Menschen lassen sich buchstäblich Körperteile amputieren, um am Leben zu bleiben. Niemand mag Krankheit!

Selbst eingebildete Kranke wollen eigentlich nicht krank sein. Sie haben vielmehr große Angst vor einer Krankheit und denken dann schließlich, dass sie davon befallen sind. Trotzdem wollen sie nicht wirklich krank sein. Im Allgemeinen hassen die Menschen Krankheiten und Leiden.

Wie kommt das? Gott erschuf die Menschheit nicht, damit sie stirbt. Der Tod ist etwas, das der Mensch erwählt hat, nicht jedoch Gott. Ursprünglich hatte der Herr geplant, dass unser Körper für immer lebt. Ich habe schon einige medizinische Berichte gelesen, die besagen, dass der Körper in der Lage ist, sich selbst zu heilen und zu erneuern. Mediziner verstehen nicht, warum der menschliche Körper nicht ewig lebt. Natürlich gibt es Eindringlinge wie Bakterien und Viren, doch wir haben eigentlich die Fähigkeit, mit ihnen fertigzuwerden. Der Ursprungsplan Gottes war, dass wir niemals krank sein sollten. Krankheit war kein Bestandteil von Gottes Plan. Es war ein Teil dessen, was wir unwissentlich mit dem Sündenfall erwählt haben.

Wir wurden allesamt mit dem gottgegebenen Wunsch nach Gesundheit in uns erschaffen. Menschen mögen keine Krankheit.

Gott mag sie nicht. Warum kämpfen dann manche Menschen dagegen, dass Gott unser Heiler ist? Sie sagen sogar: »Du bist vom Teufel«, wenn du glaubst, dass der Herr heute noch heilt. Warum sollte jemand so etwas behaupten, wenn doch Gesundheit ein allgemeines Bedürfnis und Anliegen ist? Jeder möchte Gesundheit. Warum sollten wir es Gott zuschreiben, dass er weniger als beste Gesundheit für uns im Sinn hat?

Es gibt auch weniger radikale Ausdrucksformen dieser Haltung. Es wird vielleicht nicht davon gesprochen, dass jemand vom Teufel sei, wenn er an Heilung glaubt. Man lehnt dich vielleicht nicht einmal dafür ab, dass du Kranken die Hände auflegst und glaubst, dass es ihnen besser geht (Mk 16,18). Doch würden solche Leute auf jeden Fall behaupten: »Es ist nicht jedes Mal Gottes Wille, zu heilen.« Warum denken sie so? Ich habe in diesem Buch bereits bewiesen, dass Heilung ein Teil des Erlösungswerks ist. Gott hat genauso für die Heilung unseres Körpers gesorgt, wie er – exakt im gleichen Moment – für die Vergebung unserer Sünden gesorgt hat. Wenn das so offensichtlich ist, warum kämpfen Menschen dann gegen Heilung an?

Eine gemeinsame Wurzel

Obwohl es viele verschiedene Gründe dafür gibt, dass Menschen voreingenommen sind und gegen Heilung predigen, glaube ich, dass diese Gründe alle eine gemeinsame Wurzel haben. Menschen widerstehen der Wahrheit, dass Heilung Bestandteil des Erlösungswerks ist, und dass Gott immer heilen will, weil es bequem ist, das zu glauben. Es mag einige aufrichtige Menschen geben, die nur falsch gelehrt worden sind, doch unterm Strich ist diese Lehre gegen Heilung nur eine faule Ausrede. Sie entbindet uns von der

Verantwortung, die wir dann hätten, wenn wir akzeptieren würden, dass Heilung Gottes Wille ist.

Wenn der Herr uns Heilung zur Verfügung gestellt hat und es offensichtlich ist, dass nicht alle geheilt werden, dann stellt sich die Frage: »Warum sind wir nicht gesund?« Wenn Gott unsere Gesundheit will und wir nicht gesund sind, dann bedeutet das, dass wir ein gewisses Maß an Verantwortung dafür übernehmen müssen. Ich werde dieses Thema später im Buch noch behandeln, wenn ich der Frage nachgehe, warum nicht jeder geheilt ist. Doch zunächst müssen wir erkennen, dass ein Teil der Verantwortung bei uns liegt. Bei dem Versuch, Verantwortung und Schuld von sich zu weisen, sagen wir oft einfach: »Nun, dann war es wohl nicht Gottes Wille.« Das ist nicht wahr!

Manche argumentieren: »Wenn Gott will, dass jemand geheilt ist, dann sollte die Person doch geheilt sein, egal ob du oder ich für sie gebetet haben oder nicht.« Das ist ebenfalls nicht wahr. Denke an die Vergebung von Sünden. Gottes Wort sagt:

> *Der Herr zögert nicht die Verheißung hinaus, wie etliche es für ein Hinauszögern halten, sondern er ist langmütig gegen uns, weil er nicht will, dass jemand verlorengehe, sondern dass jedermann Raum zur Buße habe. — 2. Petrus 3,9*

Noch klarer kann man es nicht ausdrücken. Gott will, dass Menschen gerettet werden. Und doch ist nicht jeder errettet. Jesus selbst prophezeite, dass mehr Menschen sich für die weite Pforte entscheiden, die ins Verderben führt, als für die enge Pforte, die zum ewigen Leben führt.

> *Geht ein durch die enge Pforte! Denn die Pforte ist weit und der Weg ist breit, der ins Verderben führt; und viele sind es,*

die da hineingehen. Denn die Pforte ist eng und der Weg ist schmal, der zum Leben führt; und wenige sind es, die ihn finden. — Matthäus 7,13–14

Wenn es um Errettung geht, kommt Gottes Wille nicht automatisch zustande. Er will nicht, dass jemand verloren geht, sondern dass alle zur Buße und zur Erkenntnis seiner selbst kommen. Der Herr will nicht, dass jemand stirbt und in die Hölle fährt, doch er hat uns die Wahl gegeben. Menschen kommen in die Hölle, weil sie das ablehnen, was Gott ihnen zur Verfügung stellt. Einige lehnen es unverhohlen in offener Rebellion gegen den Herrn ab. Andere lehnen es ab, weil sie falsch gelehrt wurden und so ihre Hoffnung auf ihre eigenen guten Werke setzen, wie beispielsweise in den Gottesdienst zu gehen, moralisch gut zu sein oder den Zehnten zu geben (Röm 10,2–3). Obwohl sie irregeführt worden sind, sind es trotzdem ihre Entscheidungen, die sie nicht in den Himmel kommen lassen.

Verantwortung übernehmen

Gott will nicht, dass auch nur einer in die Hölle fährt, und doch geschieht es. Genauso wenig möchte er, dass jemand krank ist, und doch sind es viele. Sicherlich befinden sich einige Menschen in totaler Rebellion dem Herrn und seinen Wegen gegenüber, daher ernten sie, was sie gesät haben. Doch andere sehnen sich nach Heilung und trotzdem erlangen sie sie nicht. Das liegt daran, dass sie nicht verstehen, wie sie Heilung richtig empfangen können.

Manche denken, dass sie errettet werden, wenn sie gute Menschen sind, in den Gottesdienst gehen und als Kind die Wassertaufe empfangen haben. Sie mögen es durchaus ernst meinen, doch sie liegen ernsthaft falsch. Obwohl es nicht Gottes Wille ist, dass Menschen verloren gehen, gehen sie verloren. Es ist auch nicht Gottes Wille, dass Menschen krank sind, und doch sind sie es. Sie verstehen nicht, wie sie Heilung empfangen können.

Wir müssen es verstehen und akzeptieren, welche Rolle *wir* dabei spielen. Es ist unser Unvermögen, das Menschen in die Hölle fahren und krank sein lässt – nicht Gottes. Unser Versagen, diese Verantwortung zu übernehmen, ist die Ursache dafür, dass Menschen sich gegen Heilung wehren. Wir wollen nicht mit der Wahrheit konfrontiert werden, dass wir als gläubige Christen etwas hätten tun können, was einen geliebten Menschen davor bewahrt hätte, an einer Krankheit zu leiden und zu sterben.

Ich behaupte nicht, dass es direkt unsere Schuld ist, obwohl es in manchen Fällen so sein kann. Oft ist es nicht die Sünde eines Einzelnen, die zu Krankheit und Leiden geführt hat, sondern die Sünde der gesamten Menschheit, die diese Welt verdorben hat. Sünde hat Bakterien, Viren, Pilze, Infektionen und Ähnliches hervorgebracht, was nie Bestandteil von Gottes ursprünglichem Plan für die Menschheit war. Es ist eine Verdrehung der Natur, die durch Sünde geschah. Es war nicht unbedingt deine persönliche Sünde, sondern die Sünde von uns allen gemeinsam hat das gesamte System verdreht. Obwohl eine Krankheit nicht unbedingt durch etwas verursacht sein mag, was wir als Einzelperson getan haben, so gibt es doch immer etwas, was wir persönlich tun können, um dieser Verdrehung zu entgehen und in Gesundheit zu leben.

Nicht Gottes Wille

In den frühen Siebzigerjahren war ich Pastor einer Gemeinde in einer Kleinstadt in Texas. Ein Ehepaar in dieser Gemeinde hatte ein Kind, das mit dem Downsyndrom geboren worden war. Die Mutter war eine sehr kleine Frau und sie und ihr Mann lebten in Guatemala, als ihr Sohn geboren wurde. Sie brachte diesen Jungen in einem Taxi auf dem Weg ins Krankenhaus zur Welt.

Wegen des Downsyndroms war sein Immunsystem beeinträchtigt. Der Arzt sagte, dass das Kind sterben würde, sollte es auch nur einen Schnupfen bekommen, denn dann könnten sie nichts mehr für es tun. Sie erwarteten nicht, dass der Junge lange überleben würde, doch er tat es. Als ich ihn kennenlernte, war er vier Jahre alt.

Eines Tages bekam er eine Erkältung. Also ging ich zu ihnen nach Hause und betete für ihn, damit er geheilt würde. Noch während ich dieses Kind auf dem Arm hatte, starb es. Gemeinsam mit den Eltern saßen wir da und beteten stundenlang, dass dieser kleine Junge von den Toten auferstehen würde. Wir taten alles, was mir einfiel. Schließlich informierten wir die Behörden.

Die Polizei erschien und es war ein Wunder, dass wir nicht alle verhaftet wurden. Der einzige Grund war, dass die Eltern den Arztbericht hatten, in dem stand: »Wenn das Kind jemals krank werden oder eine Infektion bekommen sollte, dann behalten Sie es zu Hause. Es gibt keine Behandlungsmöglichkeiten.« Weil sie diese Unterlagen hatten, ließ die Polizei uns gehen. Es war eine sehr tragische Situation.

Die Eltern baten mich darum, die Beerdigung abzuhalten. Ich suchte händeringend nach Worten, die sie und mich hätten trösten könnten. Ich hatte die ganze Sache persönlich genommen. Es wäre für einen Moment tröstlich gewesen, einfach zu sagen: »Nun, es kann nicht an uns gelegen haben; wir haben alles getan, was wir konnten.« Die Eltern waren in Trauer und natürlich wollte ich nicht mit dem Finger auf sie zeigen und sagen: »Es war euer Fehler!« Es wäre tröstlich gewesen, mit leeren Worten aufzuwarten, die man in religiösen Kreisen üblicherweise zu hören bekommt: »Gott wirkt auf geheimnisvolle Weise. Er muss euren Sohn im Himmel gewollt haben. Er brauchte ihn dort.« Doch ich musste dem Wort gemäß ehrlich sein.

Also sagte ich diesen Eltern: »Ich glaube nicht, dass es Gottes Wille war. Der Herr hat euren Sohn nicht getötet. Er war es nicht, der zugelassen hat, dass das passiert ist. Satan war derjenige, der sein Leben ausgelöscht hat. Auch wenn der Teufel diese Schlacht gewonnen haben mag, so hat er noch lange nicht den Krieg gewonnen.« Dann predigte ich aus 2. Samuel 12,23 und weiteren Bibelstellen, dass das Kind nun in Gottes Gegenwart ist. Ich gab ihnen Hoffnung und bekräftigte, dass der Junge bei Jesus ist.

»Die Wahrheit wird euch frei machen«

Doch als es um die Frage ging, warum dies geschehen war, sagte ich ihnen sinngemäß: »Es ist entweder mein Fehler, euer Fehler oder unser gemeinsamer Fehler – oder es liegt an Dingen, die wir nicht verstehen. Ich weiß nicht, woran es liegt. Doch ich garantiere euch, es war nicht Gott.« Das war zwar nicht so tröstlich, als wenn ich gesagt hätte: »Nun, Gott wirkt auf geheimnisvolle Weise. Er hat es zugelassen. Der Herr hat es aus einem bestimmten Grund getan.« Das hätte vielleicht für einen Moment Trost gespendet, doch die Bibel sagt:

> *... ihr werdet die Wahrheit erkennen, und die Wahrheit wird euch frei machen! — Johannes 8,32*

Gottes Wort ist wahr und ich kann keine Stelle darin finden, wo Jesus Menschen krank gemacht hat. Ich musste ihnen sagen:

»Ich weiß nicht, wo das Problem liegt, doch es liegt nicht an Gott. Satan hat uns geschlagen. Er hat zwar eine Schlacht gewonnen, doch den Krieg hat er verloren. Euer Sohn ist nun bei Jesus, doch es war nicht Gottes Wille, dass er jetzt wegen einer Krankheit von euch gegangen ist.« Weil ich diesen Menschen die Wahrheit gesagt hatte, beteten sie und Gott zeigte ihnen einige Bereiche, in denen sie Furcht, Zweifel und Unglaube zugelassen hatten. Dies hatte ihren Glauben behindert und verhindert, dass sie das Wunder empfangen konnten, das sie brauchten. Doch weil sie die Wahrheit annahmen, taten sie Buße, das heißt, sie konnten umdenken und ihre Furcht überwinden.

Die Ärzte hatten dieser Frau gesagt, dass ihr kleiner Wuchs der Grund dafür war, dass ihr Kind einen Hirnschaden hatte. Sie sagten, dass das Kind per Kaiserschnitt zur Welt hätte kommen sollen. Daraus folgerten sie, dass im Falle einer weiteren Schwangerschaft das Kind in jedem Fall per Kaiserschnitt zur Welt kommen müsse, und dass sowohl sie als auch das Kind sterben könnten. Also rieten sie ihr dringend, kein weiteres Kind zu bekommen.

Das war in den frühen Siebzigerjahren. Seitdem hat sie drei oder vier weitere Kinder bekommen. Kürzlich schickte sie mir ein Foto von ihren Kindern. Sie haben alle schon die Highschool abgeschlossen und studieren. Sie brachte diese Kinder alle zu Hause auf natürliche Weise – ohne die Hilfe eines Arztes – zur Welt, weil sie wusste, dass kein Arzt nach einem Blick auf ihre Krankengeschichte erlauben würde, dass sie noch weitere Kinder bekommt. So glaubte sie einfach Gott. Anstatt kinderlos zu bleiben und sich mit bitterem Herzen ständig die Frage zu stellen: *Gott, warum hast du das getan?,* fand sie heraus, dass Gott nicht der Urheber von Krankheit, Leid und Tod war. So war diese glaubensstarke Frau in der Lage, weitere Kinder zu bekommen, weil sie die Wahrheit erkannte und die Wahrheit sie frei machte.

Wir versagen beim Empfangen

Ich verstehe, warum Menschen sagen wollen: »Sicher muss es Gottes Wille gewesen sein«, denn es lässt uns selbst gut dastehen. Es lässt uns nicht wie Versager aussehen. Doch damit macht man es sich zu leicht – es ist eine faule Ausrede. Ich habe Verständnis dafür und war in der Versuchung, das Gleiche zu tun, doch es ist nicht Gott, der Menschen krank macht. Es ist nicht Gott, der es unterlässt, Menschen zu heilen. Wir sind es, die darin versagen, zu empfangen.

Mein Buch mit dem Titel *Du hast schon alles, was du brauchst!* behandelt dieses Thema noch ausführlicher, als ich es hier tun kann. Obwohl dies für alle Bereiche unseres christlichen Lebens gilt, geht es vorwiegend um Heilung und Lehre über Heilung, die untermauert, dass Gott uns bereits geheilt *hat.* Es geht nicht darum, dass Gott uns die Heilung *gibt.* Es geht vielmehr darum, dass wir uns im Glauben ausstrecken und Heilung *empfangen.*

KAPITEL 7

Paulus' Stachel im Fleisch

Wann immer ich über körperliche Heilung lehre, bringt jemand Paulus' Stachel oder Dorn im Fleisch zur Sprache. Man sagt: »Gott setzte Paulus einen Stachel ins Fleisch. Er hat ihn krank gemacht. Paulus versuchte, Gott für seine Heilung zu glauben, doch er wurde nicht geheilt. Wenn nun Paulus so ein großer Mann Gottes war und der Herr ihn nicht geheilt hat, wofür halten wir uns dann, dass Gott *uns* heilen sollte?« Dieses Missverständnis basiert auf einer Fehlinterpretation der Bibel.

Die Bibel sagt nicht, dass Paulus' Stachel im Fleisch eine Krankheit war. Obwohl man immer wieder Leute hört, die so argumentieren, ist es doch nicht das, was das Wort wirklich sagt.

> *Damit ich mich wegen der einzigartigen Offenbarungen nicht überhebe, wurde mir ein Stachel ins Fleisch gestoßen: ein Bote Satans, der mich mit Fäusten schlagen soll, damit ich mich nicht überhebe. Dreimal habe ich den Herrn angefleht, dass dieser Bote Satans von mir ablasse. Er aber antwortete mir: Meine Gnade genügt dir; denn die Kraft wird in der Schwachheit vollendet. Viel lieber also will ich mich meiner Schwachheit rühmen, damit die Kraft Christi auf mich herabkommt. Deswegen bejahe ich meine Ohnmacht, alle Misshandlungen und Nöte, Verfolgungen und Ängste, die ich für Christus ertrage; denn wenn ich schwach bin, dann bin ich stark. — 2. Korinther 12,7–10 EÜ*

In Vers 7 macht Paulus sehr deutlich, dass dieser Stachel im Fleisch ein Bote *Satans* war und kein Bote Gottes. Das griechische Wort, das hier mit *Bote* übersetzt wurde, wird an anderen Stellen im Neuen Testament auch mit *Engel* wiedergegeben (beispielsweise in Lk 1,13; 2Kor 11,14; Gal 4,14). Daher wissen wir, dass dies ein dämonischer Bote war, ein finsterer Engel, abgesandt vom Teufel, um Paulus mit Fäusten zu schlagen.

Vom Teufel

Manche Menschen nehmen irrtümlicherweise an, dass Gott Paulus diesen Stachel ins Fleisch gegeben hat, damit er sich nicht maßlos überhebt. Sie denken automatisch, dass ihm demnach Gott diesen Stachel geschickt hat, um Paulus in der Demut zu bewahren. Falsch!

Demut ist wichtig, doch es gibt auch eine göttliche Form der »Erhöhung«, die in vielen Stellen sowohl im Alten wie auch im Neuen Testament erwähnt wird. Ein Beispiel ist 1. Petrus 5,6, wo es heißt:

So demütigt euch nun unter die gewaltige Hand Gottes,
damit er euch erhöhe zu seiner Zeit!

Erhoben oder erhöht zu werden, ist gut, wenn Gott es tut. Doch manche Menschen nehmen an, dass Paulus in 2. Korinther 12,7 über Stolz spricht. Ihr Argument ist: »Paulus hatte ein echtes Problem mit Stolz und Arroganz, also gab Gott ihm diesen Stachel ins Fleisch, um ihn zu brechen und demütig zu halten.« Das ist kein göttliches Prinzip. Wir haben gerade gelesen, dass die Bibel uns auffordert, uns *selbst* zu demütigen. Wenn Gott dich demütigt, dann ist das keine Demut, sondern schlicht eine Demütigung. Man kann niemanden zur Demut zwingen. Sie muss von innen heraus kommen.

2. Korinther 12,7 spricht über Paulus, der verherrlicht wurde, wo immer er hinging. Er sah Menschen von den Toten auferstehen (Apg 20,9–12), er sah, wie Dämonen ausgetrieben wurden (Apg 16,16–18), und viele weitere Wunder (Apg 19,11–12). Er diente in einer Stadt, wo die Menschen riefen: »Diese Leute, die die ganze Welt in Aufruhr versetzen, sind jetzt auch hier!« (Apg 17,6). Es floss so viel Kraft und Salbung durch das Leben und den Dienst von Paulus, dass viele Menschen zum Herrn fanden. Sie sagten: »Ich möchte sein wie Paulus. Ich will die Fähigkeit, Widrigkeiten zu überwinden. Wenn ich verhaftet werde, weil ich das Evangelium verkünde, dann will ich auch durch ein Erdbeben befreit werden!« (Apg 16,25–33).

Wann immer etwas Schlimmes passierte, erlebte Paulus, dass es sich für ihn zum Guten wandte. Menschen bemerkten das und sagten: »Diese Art von Kraft will ich auch in meinem Leben!« Satan erkannte, dass Paulus viele Menschen zum Herrn führte, weil er im vollkommenen Sieg und in der Erhöhung Gottes lebte. Der Teufel wollte ihn herabsetzen und etwas tun, damit er nicht länger erhöht würde. Darüber spricht 2. Korinther 12,7. Damit Paulus nicht über die Maßen erhoben würde, gab Satan ihm einen Stachel ins Fleisch. Der kam also vom Teufel und nicht von Gott.

Es gab Kranke, die mir sagten: »Ich bin wie der Apostel Paulus. Gott hat mir einen Stachel ins Fleisch gegeben und den muss ich einfach ertragen.« Aber erinnere dich, der Stachel kam aufgrund der »einzigartigen Offenbarungen«. Mit diesen Offenbarungen hat Paulus das halbe Neue Testament geschrieben. Deshalb sollte sich heute niemand, der nicht wie Paulus ein außerordentliches Maß an Offenbarungen hat, hinter seinem »Stachel im Fleisch«

verstecken. Außerdem kam dieser Stachel von Satan und nicht von Gott.

Selbst wenn ich mit Drogenabhängigen, Prostituierten und Ehebrechern darüber spreche, Befreiung von Gott zu empfangen, sagen viele zu mir: »Ich habe einfach einen Stachel im Fleisch, genau wie Apostel Paulus.« Sie haben nicht einmal eine Beziehung zu Gott und dennoch beanspruchen sie Paulus' Stachel im Fleisch für sich. Wenn auch du diese Stachel-im-Fleisch-Geschichte als Erklärung für deine Krankheit gebraucht hast, dann hör auf, dich hinter dieser Ausrede zu verstecken – es sei denn, du hast ebenfalls so viel Offenbarung, dass du das halbe Neue Testament schreiben könntest!

Paulus' Stachel im Fleisch war keine Krankheit. Es war ein dämonischer Bote, von Satan gesandt, um ihn mit Fäusten zu schlagen.

Schwäche oder Unzulänglichkeit

Ein weiterer Grund, warum Menschen Paulus' Stachel im Fleisch für eine Krankheit halten, liegt darin, dass in diesem Abschnitt zweimal das Wort *Schwachheit* gebraucht wird. In den Versen 9 und 10 heißt es:

> *Er aber antwortete mir: Meine Gnade genügt dir; denn die Kraft wird in der Schwachheit vollendet. Viel lieber also will ich mich meiner Schwachheit rühmen, damit die Kraft Christi auf mich herabkommt. Deswegen bejahe ich meine Ohnmacht, alle Misshandlungen und Nöte, Verfolgungen und Ängste, die ich für Christus ertrage; denn wenn ich schwach bin, dann bin ich stark.* — 2 Korinther 12,9–10 EÜ

Dieses Wort *Schwachheit* wird heutzutage generell auf körperliche Schwäche und Krankheit bezogen. Wenn wir davon sprechen, dass jemand »schwach« ist, meinen wir meist, dass er körperlich krank ist. Selbst wenn im allgemeinen Sprachgebrauch mit *Schwachheit* fast immer Krankheit gemeint ist, so wird das gleiche Wort in der Bibel auch in anderem Zusammenhang gebraucht, beispielsweise in Römer 8:

> *Ebenso kommt aber auch der Geist unseren Schwachheiten zu Hilfe. Denn wir wissen nicht, was wir beten sollen, wie sich's gebührt; aber der Geist selbst tritt für uns ein mit unaussprechlichen Seufzern. — Römer 8,26*

Dieser Vers besagt, dass die *Schwachheit* darin besteht, nicht zu wissen, was wir beten sollen, wie es sich gebührt. Wenn wir das griechische Wort in einem Wörterbuch nachschlagen, wird deutlich, dass es nicht nur Krankheit bedeutet, sondern auch *Schwäche* oder *Unzulänglichkeit.* In diesem Sinn wird es in Römer 8,26 gebraucht. Es ist eine Schwäche oder Unzulänglichkeit, wenn man nicht weiß, wie man für etwas beten soll, und nicht etwa eine Krankheit oder ein Leiden.

Keine Krankheit

Manche Leute sind jedoch trotzdem der Meinung, dass Paulus in 2. Korinther 12,9 über Krankheit spricht, wenn er sagt: »Ich will mich … meiner Schwachheit rühmen.« Doch wenn wir uns den Zusammenhang anschauen, erkennen wir, dass es keine Krankheit gewesen sein kann. Wir müssen bedenken, dass die Schriften erst später in Kapitel und Verse eingeteilt wurden, um leichter auf bestimmte Stellen verweisen zu können. Daran ist nichts verkehrt, doch müssen wir im Auge behalten, dass das Buch, das wir *2. Korinther* nennen, ein einziger zusammenhängender Brief war. Er war nicht gestückelt durch die Einteilung in Kapitel und Verse. In dem Abschnitt, den wir 2. Korinther 11 nennen, geht es generell um die Dinge, die Paulus *Schwachheiten* nennt. Er sagt:

Wenn ich mich rühmen soll, so will ich mich meiner Schwachheit rühmen. — 2. Korinther 11,30

In den Versen zuvor, ab Vers 23, definiert Paulus, was diese »Schwachheiten« sind und listet auf:

Sie sind Diener des Christus? Ich rede unsinnig: Ich bin's noch mehr! Ich habe weit mehr Mühsal ... — 2. Korinther 11,23

Während diese Liste im Folgenden fortgesetzt wird, bedenke, dass Paulus all diese Dinge ein paar Verse später zusammenfasst, indem er sagt: »Ich werde mich meiner Schwachheiten rühmen« (V. 30; 12,9). Er nannte »Mühsal« (harte Arbeit) eine Schwachheit. Sie verursachte in seinem Leben Schwäche, Stress und Probleme.

... über die Maßen viele Schläge ausgestanden, war weit mehr in Gefängnissen, öfters in Todesgefahren. Von den Juden habe ich fünfmal 40 Schläge weniger einen empfangen. — 2. Korinther 11,23–24

Fünfmal hat Paulus 39 Stockhiebe empfangen.

Dreimal bin ich mit Ruten geschlagen worden. — 2. Korinther 11,25

Dreimal wurde er brutal mit einem Folterinstrument, ähnlich einem Eisenstab, geschlagen. Oft wurde damit auf die Füße geschlagen, was Knochenbrüche verursachte.

... einmal gesteinigt worden ... — 2. Korinther 11,25

Dies geschah in Apostelgeschichte 14,19. Ich persönlich glaube, dass er bei diesem Ereignis starb.

Dreimal habe ich Schiffbruch erlitten; einen Tag und eine Nacht habe ich in der Tiefe zugebracht. Ich bin oftmals auf Reisen gewesen, in Gefahren auf Flüssen, in Gefahren durch Räuber, in Gefahren vom eigenen Volk, in Gefahren von Heiden, in Gefahren in der Stadt, in Gefahren in der Wüste, in Gefahren auf dem Meer, in Gefahren unter falschen Brüdern; in Arbeit und Mühe, oftmals in Nachtwachen, in Hunger und Durst; oftmals in Fasten, in Kälte und Blöße; zu alledem der tägliche Andrang zu mir, die Sorge für alle Gemeinden. Wer ist schwach, und ich bin nicht auch schwach? Wem wird Anstoß bereitet, und ich empfinde nicht brennenden Schmerz? Wenn ich mich rühmen soll, so will ich mich meiner Schwachheit rühmen. — 2. Korinther 11,25–30

Verfolgungen und Entbehrungen

All diese aufgelisteten Dinge zeugen von den harten Drangsalen der Verfolgung, die Paulus um Christi willen ertragen hat. Dann, ein paar Verse später, verkündet er:

Darum will ich mich am liebsten vielmehr meiner Schwachheiten rühmen. — 2. Korinther 12,9

In diesem Zusammenhang bezeichnet »Schwachheiten« all die Drangsale, die er für das Evangelium erduldet hat. Die Annahme, dass das Wort Schwachheit sich auf eine Krankheit bezieht, ist verkehrt, schließlich gibt Paulus an keiner Stelle einen Hinweis darauf. Wie wir gesehen haben, wird in Römer 8,26 das gleiche Wort »Schwachheiten« gebraucht, um auf einen Mangel an Wissen oder Verständnis für das richtige Gebet zu verweisen.

Wir haben also gesehen, dass Paulus' Stachel im Fleisch ein Bote Satans war (2Kor 12,7). Viele Menschen schließen von diesem Wort *Schwachheit* jedoch vorschnell auf Krankheit. Der Zusammenhang hier macht aber deutlich, dass mit diesem Wort die Verfolgungen und Drangsale beschrieben werden, die Paulus um des Evangeliums willen ertrug. In Vers 10 wird dieser Punkt glasklar:

Darum habe ich Wohlgefallen an Schwachheiten, an Misshandlungen, an Nöten, an Verfolgungen, an Ängsten um des Christus willen; denn wenn ich schwach bin, dann bin ich stark. — 2. Korinther 12,10

Obwohl immer wieder behauptet wird, dass das Wort *Schwachheiten* hier eine körperliche Krankheit bezeichnet, offenbaren doch die vier weiteren aufgelisteten Punkte und der gesamte Zusammenhang von 2. Korinther 11,23–33 etwas anderes. Die vier weiteren Punkte, die in 2. Korinther 12,10 aufgelistet sind, lauten: *Misshandlungen*, *Nöte*, *Verfolgungen* und *Ängste*. Jeder einzelne von ihnen macht unmissverständlich klar, dass keine körperliche Krankheit gemeint ist. Vielmehr geht es um Drangsal und Verfolgung, der Paulus ausgeliefert war.

Misshandlungen sind Beleidigungen, Verletzungen, Schädigungen und Kränkungen. *Nöte* beziehen sich darauf, dass man um des Evangeliums willen ohne bestimmte Dinge auskommen muss. Was mit *Verfolgungen* und *Ängsten* gemeint ist, kann jeder leicht verstehen. All diese Punkte stimmen mit dem Zusammenhang dieses Abschnitts überein. Wenn Paulus das Wort *Schwachheiten* als Bezeichnung für eine körperliche Erkrankung gebraucht hätte, würde es nicht zu den anderen Dingen passen, die er hier aufführt. Sein Gebrauch des Begriffs »Schwachheiten« bezieht sich auf die Drangsale, die er für die Sache des Herrn erlitten hat.

Eine alttestamentliche Metapher

Darüber hinaus würden die Christen, die aus dem Judentum kamen und denen Paulus hier schrieb, den Ausdruck *Stachel im Fleisch* aus den frühen Büchern des Alten Testaments wiedererkennen.

> *Wenn ihr aber die Einwohner des Landes nicht vor eurem Angesicht vertreiben werdet, so sollen euch die, welche ihr übrig bleiben lasst, zu Dornen werden in euren Augen und zu Stacheln in euren Seiten, und sie sollen euch bedrängen in dem Land, in dem ihr wohnt. — 4. Mose 33,55*

Mose sagte den Israeliten, dass die Einwohner des Landes sie verfolgen und bedrängen würden, wenn sie diese Heiden nicht aus dem Land vertreiben. Sie würden durch dieses heidnische Volk beschmutzt und verdorben werden, wenn sie sie am Leben ließen.

… so wisst, dass der HERR, euer Gott, nicht mehr diese Völker vor euch vertreiben wird, sondern sie werden euch zum Fallstrick und Netz werden und zur Geißel an euren Seiten und zum Stachel in euren Augen, bis ihr ausgerottet seid aus diesem guten Land, das euch der HERR, euer Gott, gegeben hat. — Josua 23,13 LUT

Die Israeliten hatten Gott nicht gehorcht und so sagte Gott: »Also gut, die Prophetie aus 4. Mose 33,55 wird sich nun erfüllen.« Noch einmal bezieht sich die Schrift auf Menschen als *Geißel* oder *Stachel* in ihren Augen.

So habe ich auch gesagt: Ich werde sie nicht vor euch vertreiben! Sie werden euch zu Geißeln [oder nach anderen Handschriften: Stacheln] für eure Seiten werden, und ihre Götter werden euch zur Falle werden. — Richter 2,3 ELB

Als Paulus diesen Ausdruck *Stachel im Fleisch* gebrauchte, lenkte er die Gedanken seiner damaligen Leser direkt auf diese alttestamentliche Metapher aus 4. Mose 33,55, Josua 23,13 und Richter 2,3. In jedem dieser Fälle bezog sie sich auf Menschen, die dem Volk Gottes feindlich gesinnt waren. Dies ist ein weiterer biblischer Beleg dafür, dass Paulus' Stachel im Fleisch eine dämonische Person war, ein Engel der Finsternis, ein Bote Satans, der Verfolgungen aufrührte, wo immer Paulus hinging. Darauf bezog er sich in seinem Brief an die Korinther, wo er im Wesentlichen sagte: »Wir Apostel leiden mehr als jeder andere. Die Menschen, denen wir dienen, sind angesehen und gesegnet, doch wir sind verachtet und gelten als Abschaum aller …«

> *Es scheint mir nämlich, dass Gott uns Apostel als die Letzten hingestellt hat, gleichsam zum Tod bestimmt; denn wir sind der Welt ein Schauspiel geworden, sowohl Engeln als auch Menschen. Wir sind Narren um des Christus willen, ihr aber seid klug in Christus; wir schwach, ihr aber stark; ihr in Ehren, wir aber verachtet. Bis zu dieser Stunde leiden wir Hunger und Durst und Blöße, werden geschlagen und haben keine Bleibe und arbeiten mühsam mit unseren eigenen Händen. Wenn wir geschmäht werden, segnen wir; wenn wir Verfolgung leiden, halten wir stand; wenn wir gelästert werden, spenden wir Trost; zum Kehricht der Welt sind wir geworden, zum Abschaum aller bis jetzt. — 1. Korinther 4,9–13*

Mit anderen Worten: Paulus spricht über die harten Drangsale und Verfolgungen, die er erdulden musste. Die Bibel macht deutlich, dass dieser dämonische Bote hart daran gearbeitet hat, Menschen zu beeinflussen, wohin auch immer Paulus ging. Paulus lebte im Sieg, doch gleichzeitig erduldete er mehr Verfolgung, Schiffbruch, Schläge, Gefängnis, Ablehnung und Kritik als irgendjemand sonst. Satan gebrauchte diesen Widerstand gegen ihn. Obwohl die Kraft Gottes sich im Leben von Paulus manifestierte, hatte das einen Preis. Das ließ manche Menschen noch einmal drüber nachdenken. Der Teufel tat das, um die Menschen von der Botschaft des Paulus abzubringen. Möglicherweise haben sie in ihrem Herzen gedacht: *Was er sagt, ist wahr, aber ich bin nicht sicher, ob ich so leiden will wie er es tut, damit ich die Botschaft annehmen und leben kann.*

»Meine Gnade genügt«

Schließlich bat Paulus den Herrn dreimal, diesen Stachel im Fleisch wegzunehmen, diesen dämonischen Engel, der Verfolgungen durch Menschen verursachte. Wie wir im Alten Testament gesehen haben, ist ein Stachel im Fleisch genau das: *Verfolgung durch Menschen.* Paulus bittet Jesus dreimal darum, ihn davon zu befreien, und der Herr antwortet:

> *Meine Gnade genügt dir, denn meine Kraft kommt in Schwachheit zur Vollendung. — 2. Korinther 12,9* ELB

Durch das Erlösungswerk Christi wurden wir zwar von Krankheit erlöst, nicht jedoch von Verfolgung. Paulus erkannte diese Wahrheit später selbst in seinem Leben, als er an Timotheus schrieb.

> *Und alle, die gottesfürchtig leben wollen in Christus Jesus, werden Verfolgung erleiden. — 2. Timotheus 3,12*

Vielleicht hatte Paulus das zu jenem Zeitpunkt seines Lebens noch nicht erkannt, als er Gott bat, den Stachel im Fleisch wegzunehmen. Er versuchte mit aller Kraft das zu empfangen, was der Herr für ihn hatte (Phil 3,14). Er versuchte sogar, sich von Verfolgung frei zu machen und sie zu stoppen. Schließlich sagte der Herr ihm: »Paulus, du bist nicht von Verfolgung erlöst worden. Doch ich gebe dir meine Gnade, um damit fertigzuwerden.«

Denk mal darüber nach: Wenn Gott uns von Verfolgung erlöst und all unsere Verfolger gestoppt hätte, hätte es nie einen Apostel Paulus gegeben. Er ist selbst ein Verfolger gewesen. Paulus hatte an der Steinigung des Stephanus teilgenommen (Apg 7). Hätte

Gott einfach alle Verfolger ausgelöscht, hätte es nie einen Apostel Paulus gegeben. Gott stoppt nicht all unsere Verfolger. Vielmehr offenbart er sich selbst den Menschen durch uns, während wir beständig dabeibleiben, sie zu lieben, ihnen zu vergeben, ihnen die andere Wange hinzuhalten und Jesus zu folgen. Es ist ein gewaltiges Zeugnis, wenn wir Gott trotz ihrer Drohungen weiter lieben. Gott gebraucht das als ein Zeugnis. Wir sind nicht erlöst von Verfolgung, doch wir sind erlöst von Krankheit.

KAPITEL 8

Augenprobleme?

Einige lehren, dass Paulus unter einer Krankheit litt, von der Gott ihn nicht heilen wollte, und deswegen könnten auch wir heute nicht erwarten, von allen Krankheiten geheilt zu werden. Das ist nicht wahr. Diese Auslegung steht nicht im Einklang mit der Gesamtheit des Wortes Gottes. Wie wir im vorherigen Kapitel gesehen haben, war Paulus' Stachel im Fleisch keine Krankheit, sondern vielmehr ein von Satan gesandter dämonischer Bote, der Verfolgung verursachen sollte.

Diejenigen, die lehren, dass Paulus' Stachel im Fleisch eine Krankheit war, haben oft ein falsches Verständnis von Galater 4. Es wird gesagt, dass Paulus an einer Art von Augenkrankheit litt, die man damals im aramäischen Sprachraum kannte, und die Schwellungen und Tränenfluss verursachte. Diese Krankheit soll Paulus permanent Probleme bereitet haben. Man versucht dies mit dem folgenden Abschnitt zu belegen.

> *Werdet doch wie ich, denn ich wurde wie ihr, liebe Brüder, ich bitte euch. Ihr habt mir kein Leid getan. Ihr wisst doch, dass ich euch in Schwachheit des Leibes das Evangelium gepredigt habe beim ersten Mal. Und obwohl meine leibliche Schwäche euch ein Anstoß war, habt ihr mich nicht verachtet oder vor mir ausgespuckt, sondern wie einen Engel Gottes nahmt ihr mich auf, ja wie Christus Jesus. Wo sind nun eure Seligpreisungen geblieben? Denn ich bezeuge euch, ihr hättet,*

wenn es möglich gewesen wäre, eure Augen ausgerissen und mir gegeben. — Galater 4,12–15 LUT

»In Schwachheit des Leibes«

Beachte die Ausdrucksweise in Vers 13: »in Schwachheit des Leibes«. Es war nicht einfach eine Schwachheit, sondern eine Schwachheit *des Leibes*. Er sprach diesmal nicht über einen Mangel an Verständnis (wenn man beispielsweise – nach Römer 8,26 – nicht weiß, wie man beten soll) oder über Drangsale, die er erdulden musste (beispielsweise Schiffbruch oder Gefahren, wie in 2. Korinther 11,25–26 beschrieben). Hier geht es nun buchstäblich um ein körperliches Problem. Indem er den Begriff »Schwachheit des Leibes« gebraucht, bestimmt er das Problem genauer. In Vers 14 verwendet er im Prinzip den gleichen Ausdruck erneut.

Einige schauen sich diese Verse an und argumentieren: »Hier sagt Paulus doch selbst, dass er eine Krankheit hatte!« Ja, er erwähnt hier ein Problem, doch beachte, was er in Vers 13 sagt:

Ihr wisst doch, dass ich euch in Schwachheit des Leibes das Evangelium gepredigt habe beim ersten Mal. — Galater 4,13 LUT

»Beim ersten Mal« deutet darauf hin, dass es keine dauerhafte Sache war, die Gott nicht heilen würde. Es war etwas Vorübergehendes. Paulus fährt fort und sagt:

Wo sind nun eure Seligpreisungen geblieben? Denn ich bezeuge euch, ihr hättet, wenn es möglich gewesen wäre, eure Augen ausgerissen und mir gegeben. — Galater 4,15 LUT

Einige sagen: »Schau, hier spricht er doch über ein Augenproblem. Das ist seine Schwachheit des Leibes.« Und so stellen sie die Theorie auf, dass es sich um Schwellungen und Tränenfluss am Auge gehandelt haben muss, eine Erkrankung, unter der Paulus sein gesamtes Leben lang gelitten haben soll. Wenn du *das* schlucken kannst, dann kannst du aus der Bibel alles herauslesen, was du willst. Das ist eine sehr dünne Interpretationsgrundlage!

Für tot gehalten

Wir wollen nun eine wesentlich stimmigere Auslegung betrachten. Dafür müssen wir uns Apostelgeschichte 14 anschauen. Paulus predigte in Lystra und Derbe. Für eine Weile hielten ihn die Menschen dort für einen Gott.

Als aber die Volksmenge sah, was Paulus getan hatte, erhoben sie ihre Stimme und sprachen auf Lykaonisch: Die Götter sind Menschen gleich geworden und zu uns herabgekommen! Und sie nannten den Barnabas Zeus, den Paulus aber Hermes, weil er das Wort führte.
— Apostelgeschichte 14,11–12

Paulus und Barnabas hielten die Menschen davon ab, ihnen ein Opfer zu bringen und sie anzubeten. Doch gleich am nächsten Tag wurden genau diese Menschen zornig auf sie.

Es kamen aber aus Antiochia und Ikonium Juden herbei; die überredeten die Volksmenge und steinigten Paulus und schleiften ihn vor die Stadt hinaus in der Meinung, er sei gestorben. Doch als ihn die Jünger umringten, stand er auf und ging in die Stadt. Und am folgenden Tag zog er mit Barnabas fort nach Derbe. — Apostelgeschichte 14,19–20

Bei dieser Begebenheit wurde Paulus gesteinigt und für tot gehalten. Darauf bezieht er sich in 2. Korinther 11:

Einmal [bin ich] gesteinigt worden … — 2. Korinther 11,25

Ich persönlich glaube, dass Paulus tot war. Falls er es nicht war, war er zumindest so nah dran, dass die Menschen, die ihn zu töten versuchten, der Meinung waren, »er sei gestorben« (Apg 14,19). Ob er nun tot war oder nur beinahe, so sagt das Wort jedenfalls, dass die Jünger ihn umringten, er wieder aufstand und in die Stadt ging. Am nächsten Tag zog er mit Barnabas in das etwa 30 bis 80 Kilometer entfernte Derbe (die genaue Entfernung ist strittig). Paulus ging (oder ritt) in die nächste Stadt und predigte am nächsten Tag den Menschen dort (V. 20–21). Wo lagen nun die Städte Ikonium, Lystra und Derbe? Sie gehörten alle zu einer Region, die Galatien genannt wurde. Den Menschen dort schrieb Paulus den Galaterbrief, wo es in Kapitel 4 sinngemäß heißt: »Als Erstes hattet ihr Mitleid mit mir wegen dieser Schwachheit in meinem Fleisch. Ihr hättet eure Augen für mich herausgerissen« (V. 15).

Statt sich aus den Fingern zu saugen, dass Paulus irgendeine altertümliche Augenkrankheit hatte, ist es wesentlich ehrlicher, die Bibel so auszulegen, dass sich Galater 4 auf genau diesen Zeitabschnitt bezieht, als Paulus gesteinigt und für tot gehalten wurde, wieder aufstand, am nächsten Tag mehr als 30 Kilometer weit reiste und in der nächsten Stadt anfing, den Menschen zu predigen. In Anbetracht der Tatsache, dass Paulus in weniger als 24 Stunden, nachdem er gesteinigt worden war, schon wieder in der nächsten Stadt predigte, ist es da so unvorstellbar, dass seine Augen möglicherweise noch geschmerzt haben wegen der Steine, die ihn am Tag zuvor mehrfach am Kopf trafen?

Obwohl es offensichtlich ist, dass Gottes übernatürliche Heilungskraft in seinem Körper wirkte, brauchte Paulus vielleicht etwas Zeit, bis alles wieder verheilt war. Paulus hatte gesagt, dass ihn nur »beim ersten Mal« diese »Schwachheit des Leibes« beeinträchtigte (V. 13). Es ist wesentlich präziser, die Bibel mit der Bibel auszulegen und zu sagen: Wenn Paulus Augenprobleme gehabt hat, dann deswegen, weil er am Tag zuvor von den Einwohnern einer Stadt gesteinigt wurde. Es war etwas Vorübergehendes an seinem Körper, das mit der Zeit verheilte. Paulus hatte das Problem später nicht mehr.

Ein Kamel verschlucken

Es ist auch möglich, dass Paulus bildhaft sprach, als er sagte: »Ihr hättet eure Augen ausgerissen und mir gegeben.« Sagen wir heute nicht: »Für dich würde ich mir einen Arm ausreißen«? Willst du damit sagen, dass du einen kranken Arm hast? Nein. Es ist einfach ein sprachliches Bild, um auszudrücken, dass du alles für einen Menschen geben würdest. Wenn also Paulus sagt: »Ihr hättet eure Augen ausgerissen und mir gegeben«, muss das nicht zwangsläufig heißen, dass er Probleme mit den Augen hatte. Wenn er über die Tatsache sprach, dass seine Augen bei der Steinigung am Tag zuvor Schaden genommen hatten, dann war das nur vorübergehend. Das macht er sehr deutlich, indem er in Vers 13 sagt: »beim ersten Mal«.

Diejenigen, die darauf bestehen, dass Paulus' Stachel im Fleisch eine Krankheit in Form eines Augenleidens war, führen als Nächstes Galater 6 an:

Seht, mit welch großen Buchstaben ich euch geschrieben habe mit eigener Hand! — Galater 6,11

Ich habe tatsächlich schon gehört, wie jemand auf Basis dieses Verses behauptet hat, dass Paulus wegen seines Augenleidens fast blind gewesen sein muss, sodass seine Handschrift acht bis zehn Zentimeter groß gewesen sei. Er soll riesige Buchstaben aufs Papier gebracht haben, um überhaupt schreiben zu können. Wenn das stimmen würde und Paulus damit sagen wollte, dass er so große Buchstaben schreiben musste, kannst du dir dann vorstellen, wie lang dieser Brief an die Galater geworden wäre? Es wären so viele Schriftrollen zusammengekommen, dass sie keiner hätte transportieren können! Das kann es nicht sein, worüber Paulus hier spricht.

In der griechischen Sprache gibt es unterschiedliche Worte, um über Größen oder Mengen zu sprechen. Das Wort, das in Galater 6,11 mit *groß* übersetzt wurde, ist eines, das für eine *Menge* gebraucht wird. Paulus sprach nicht darüber, wie groß und breit jeder einzelne Buchstabe war. Er sagte vielmehr: »Dieser Brief, den ich an euch schreibe, ist so lang geworden.« In meiner Bibel nimmt Paulus' Brief an die Galater vier kleingedruckte Seiten ein. Würdest du den Text in Schriftgröße 12 (in der Schriftart *Times New Roman)* mit zweizeiligem Abstand auf normalem DIN-A4-Papier ausdrucken, kämen mehr als acht Seiten zusammen. Ich würde das für einen *großen* Brief halten, in dem Sinne, dass er sehr lang ist. Viele persönliche Briefe sind höchstens eine Seite lang.

Wer argumentiert, dass Paulus hier über die beträchtliche Größe der einzelnen Buchstaben eines jeden Wortes sprach, *siebt die Mücke aus und verschluckt das Kamel* (Mt 23,24). Leute, die diese Bibelstellen dazu gebrauchen, um zu behaupten, dass Paulus eine Augenkrankheit hatte, brechen jede Regel gesunder

Bibelauslegung. Sie konzentrieren sich einfach nur auf eine Stelle und legen diese so aus, wie immer sie es wollen. Wenn Paulus sich in Galater 4 auf Augenprobleme bezogen haben sollte, dann wohl deshalb, weil er einen Tag zuvor gesteinigt und für tot gehalten worden war. Dies war lediglich ein vorübergehendes Problem. Das wäre der einzige Zusammenhang, den man zwischen dem, was Paulus in Galater 4 sagt, und seiner Erwähnung des Stachels im Fleisch in 2. Korinther 12 herstellen kann.

Paulus' Stachel im Fleisch war nicht irgendeine Art von Erkrankung. Es war ein dämonischer Bote, von Satan ausgesandt, um Verfolgung in Gang zu setzen, wo immer Paulus auch hinging. Wir sind erlöst von Krankheit, doch nicht von Verfolgung.

KAPITEL 9

Vom Fluch erlöst

Ich habe, was diese verschiedenen Auslegungen zu Paulus' Stachel im Fleisch betrifft, viel Zeit mit Nachdenken, Studium und Gebet verbracht. Ich habe andere Prediger gehört und ihre Positionen abgewägt. Dennoch glaube ich, dass meine Gedanken, die ich im vorhergehenden Kapitel ausgeführt habe, redlicher und im Gesamtzusammenhang der Bibel schlüssiger sind als jede andere Auslegung. Paulus' Stachel im Fleisch als eine Krankheit auszulegen, ist eine bequeme Theologie. Mit anderen Worten würde das heißen: Anstrengungen deinerseits sind nicht erforderlich. Du kannst einfach so im Fleisch leben. Du musst Gott nicht suchen. Du sprichst einfach ein Gebet und wenn die Person nicht geheilt wird, sagst du: »Nun, bei dir muss das wie mit Paulus' Stachel im Fleisch sein. Gott will einfach, dass du es erträgst.« Das ist eine faule Ausrede!

Die Wahrheit ist: Der Herr will, dass alle Menschen geheilt werden. Doch er benötigt jemanden, der im Glauben handelt, der seine von Gott gegebene Autorität gebraucht, die Kraft Gottes in Anspruch nimmt und sie sichtbar werden lässt. Das nimmt uns in die Pflicht. Viele von uns sind jedoch Meister darin geworden, jeglicher Verantwortung aus dem Weg zu gehen.

Trink kein Wasser dort!

Manche versuchen mit 1. Timotheus 5 die Wahrheit zu widerlegen, dass Gott immer heilen will. Paulus sprach zu Timotheus, seinem Sohn im Glauben, und sagte:

> *Trinke nicht mehr nur Wasser, sondern gebrauche ein wenig Wein um deines Magens willen und wegen deines häufigen Unwohlseins. — 1. Timotheus 5,23*

Ich habe kürzlich gehört, wie jemand anhand dieses Verses lehrte, dass Timotheus unter einer chronischen Erkrankung litt, von der er nie geheilt wurde. Wenn also schon Timotheus, der Paulus rechte Hand war, nicht geheilt wurde, warum sollte Gott dann uns heilen wollen?

Dies ist nur *ein* Vers der Bibel. Es ist der einzige Vers im gesamten Neuen Testament, der – persönlich an Timotheus gerichtet – aussagt, dass er wegen seines Magens etwas Wein trinken sollte. Wir finden in der Bibel keine Parallelstelle dafür. Deswegen ist alles, was man darüber sagen kann, reine Vermutung, einschließlich der Annahme, dass Timotheus eine chronische Krankheit hatte. Diesen Vers auf Grundlage einer Vermutung dann als Beweis dafür heranzuziehen, dass Gott uns nicht heilen will, ist eine ungenaue und unredliche Auslegung der Bibel.

Timotheus hatte offensichtlich eine Erkrankung, die ihm Magenprobleme bereitete, und im Zusammenhang mit dem Wasser stand. Was geschieht, wenn man in ein Dritte-Welt-Land reist und dort Leitungswasser trinkt? Man bekommt Magenprobleme. In Mexiko nennt man das *Montezumas Rache.* Das liegt daran, dass das Wasser dort verunreinigt ist. Obwohl ich persönlich das nie erlebt habe, habe ich viele Menschen gesehen, die mit mir in andere Länder gereist sind und vom Wasser krank wurden. Ich habe Horrorgeschichten darüber gehört, wie sehr sie gelitten haben. Wenn das Wasser irgendwo nicht sauber und trinkbar ist, ist es manchmal besser, etwas anderes zu trinken. Also riet Paulus dem Timotheus, nicht länger das Wasser dort zu trinken, denn das war der Grund für seine Magenprobleme. Stattdessen empfahl er ihm etwas Wein.

Das war auch keine Empfehlung für eine Medizin. Manche Menschen argumentieren, dass Wein heilende Eigenschaften habe, und dass Paulus deshalb Timotheus riet, Medikamente gegen sein Magenproblem einzunehmen. Nein, die Magenprobleme hatten ganz eindeutig mit dem verunreinigten Wasser zu tun. Deshalb sagte Paulus: »Trink kein Wasser dort, sondern stattdessen Wein!« Hätte man damals Mineralwasser in Flaschen gehabt wie wir heute, hätte er stattdessen sagen können: »Trink kein Leitungswasser, sondern stattdessen Mineralwasser!« Doch es gab damals nichts anderes als Wein. Das bedeutet nicht, dass Timotheus ein chronisches Problem hatte, von dem er nie geheilt wurde. Paulus sagt einfach nur zu Timotheus: »Hör auf, das Wasser dort zu trinken! Das ist der Grund für deine Magenprobleme. Trink stattdessen etwas anderes.« Es ist so, als würde ich einem Bibelschüler auf einer Missionsreise in ein fremdes Land sagen: »Trink kein Leitungswasser hier. Trink stattdessen Wasser aus Flaschen oder Limonade, aber kein Leitungswasser!« Das ist alles, was Paulus damit gesagt hat.

Von 1. Timotheus 5,23 haben manche eine Art von Lehre abgeleitet, die es so aussehen lässt, als ob Gott wolle, dass wir krank seien. Doch das ist ungenau. Das ist kein redlicher Umgang mit der Bibel.

Du musst glauben

Erastus blieb in Korinth, Trophimus aber ließ ich in Milet krank zurück. — 2. Timotheus 4,20

Manche argumentieren: »Sogar Trophimus, einer von Paulus' Gefährten, wurde nicht geheilt. Deshalb kann Gott nicht jeden heilen wollen.« Es stimmt, dass nicht alle Heilung empfangen, doch das bedeutet nicht, dass Gott sie nicht heilen will. Nicht jeder empfängt Errettung, doch es ist ganz offensichtlich, dass Gott will, dass jeder errettet wird. Nur weil jemand krank ist, bedeutet das nicht, dass Krankheit der Wille Gottes ist. Menschen ziehen den Schluss, dass Trophimus ein Mann voller Glauben für Heilung gewesen sein muss, immerhin reiste er ja mit dem Apostel Paulus. Sie sagen: »Wenn Gott seine Heilung gewollt hätte, hätte er Heilung empfangen.«

Man begegnet mir auf ganz ähnliche Weise, wenn einer meiner Mitarbeiter krank ist oder sich einer Operation unterziehen muss oder wenn er eine Brille trägt. Die Leute fragen: »Wenn Gott seine Heilung will, wie kommt es dann, dass er nicht geheilt ist?« Ich kann allein durch meinen eigenen Glauben keine Heilung für jemand anderen bewirken. Man wird nicht einfach dadurch geheilt, dass man mit jemand anderem zusammen ist. Heilung geschieht nicht durch Osmose. Du reibst dich nicht an anderen und empfängst Heilung. Jeder Einzelne muss selbst glauben.

Trophimus musste selbst glauben. Das Wort verrät uns nicht, warum er in Milet zurückgelassen wurde. Möglicherweise hat er geglaubt und es brauchte eine gewisse Zeit, bis die Heilung an seinem Körper offenbar wurde. Doch Paulus wollte nicht darauf warten und ging voraus. Es ist möglich, dass Trophimus geheilt wurde und später nachreiste oder in anderer Weise diente.

Es ist ebenso möglich, dass Trophimus einfach aufhörte, Gott für seine Heilung zu glauben, sodass Paulus sich entschloss, ihn krank dort zurückzulassen.

Es gibt noch weitere Möglichkeiten, doch es gibt keinen Grund dafür, die Tatsache, dass Paulus Trophimus krank in Milet zurückließ, als einen Hinweis darauf auszulegen, dass Gott *nicht* will, dass wir geheilt werden.

Niemals ein Segen

Gehen wir in redlicher Weise mit der Bibel um, dann gelingt es uns, die Fehlinterpretationen zu entlarven, mit denen manche Menschen Heilung untergraben wollen. Es ist falsch zu behaupten, dass Gott Krankheit für bestimmte Menschen will. Vielleicht rätselst du noch immer über bestimmte Bibelstellen wie Römer 8,28, wo es heißt, dass Gott alle Dinge zum Besten dienen lässt. Ich empfehle dir meine Lehre mit dem Titel *The Sovereignty of God*. Dort gehe ich gründlicher auf diesen und weitere Verse ein, als ich es hier tun kann.

Weil sie die Souveränität Gottes falsch verstehen, denken manche, dass der Herr alle Dinge kontrolliert, und dass jemand nur dann krank sein kann, wenn Gott es zulässt. Das lehrt das Wort nicht. Noch einmal: Gott *erlaubt* es Menschen nicht, in die Hölle zu fahren. Nun, in gewissem Sinne könnte man sagen, dass er es erlaubt, weil er unseren freien Willen achtet. Doch es ist nicht sein Begehren, Wunsch oder Plan. Gott stellt uns Hindernisse in den Weg und lädt uns ein, umzukehren und von neuem geboren zu werden, doch schlussendlich lässt er uns die Wahl. Gott kontrolliert uns nicht wie Schachfiguren. Jeder, der in die Hölle kommt, muss zuvor über Berge von Hindernissen steigen, die der Herr ihm in den Weg gestellt hat.

Obwohl es zahlreiche Stellen im Alten Testament gibt, wo Gott Menschen mit Krankheiten geschlagen hat, wurde das niemals für einen Segen gehalten. Sowohl Mirjam (4Mo 12) als auch König Ussija (2Chr 26) bekamen Lepra. Eine Plage tötete 185.000 Menschen (2Kön 19). Der Engel des Herrn ging durch die Häuser der Ägypter und tötete in einer Nacht all ihre Erstgeborenen (2Mo 12). Ja, Gott ließ Menschen im alten Bund krank werden, doch das war nie ein Segen für sie.

Bevor sie mit Lepra geschlagen wurde, war Mirjam eine mächtige Frau unter den Israeliten. Nach diesem Vorfall sagt uns das Wort nur noch, dass sie starb und das Volk ihretwegen trauerte. Ihr Dienst war vorbei. Lepra war eine Strafe und ein Fluch – kein Segen.

Ussija war ein König, der mächtig von Gott gebraucht wurde. Doch nachdem er mit Lepra geschlagen worden war, war es, als ob die Salbung sich von ihm abgehoben hätte. Er litt die ganze Zeit. Diese Krankheit war ein Fluch, kein Segen. Sie hat ihm nicht geholfen. Sie hat ihm Schmerzen zugefügt.

Die 185.000 durch den Todesengel getöteten Menschen waren nicht gesegnet. Es hat ihnen nichts Gutes gebracht. Sie wurden zwar als warnendes Beispiel gebraucht, aber es war für sie selbst kein Segen.

Im neuen Bund

5. Mose 28 zeigt uns eindeutig, dass Krankheit ein Fluch ist – nichts Gutes also –, und dass Gesundheit ein Segen ist. Es gab Zeiten, in

denen Gott die Menschen mit einem Fluch belegte, doch Galater 3 zeigt uns Folgendes:

> *Christus hat uns losgekauft von dem Fluch des Gesetzes, indem er ein Fluch wurde um unsertwillen (denn es steht geschrieben: »Verflucht ist jeder, der am Holz hängt«), damit der Segen Abrahams zu den Heiden komme in Christus Jesus, damit wir durch den Glauben den Geist empfingen, der verheißen worden war. — Galater 3,13–14*

Christus hat uns vom Fluch erlöst. Ja, es gibt Fälle, in denen Gott Menschen mit Krankheit, Lepra, Leiden, Blindheit und Tod geschlagen hat (2Kön 1), aber das war nie ein Segen (Lk 9,54–56). Es war immer eine Strafe und es war immer ein Fluch. Doch im neuen Bund sind wir vom Fluch erlöst.

Gottes Methode

Manche Menschen fragen sich: »Nun, wenn Gott uns nicht mit Krankheit straft und uns nicht durch tragische Ereignisse erzieht, wie sollen wir dann lernen?« Die Bibel sagt:

> *Denn alle Schrift, von Gott eingegeben, ist nütze zur Lehre, zur Zurechtweisung, zur Besserung, zur Erziehung in der Gerechtigkeit, dass der Mensch Gottes vollkommen sei, zu allem guten Werk geschickt. — 2. Timotheus 3,16–17 LUT*

Gott erzieht, korrigiert und unterweist uns durch sein Wort. Die Erziehungsmethode des Herrn besteht nicht aus Krankheit, Leiden und Tragödien. Gott diszipliniert und trainiert uns durch sein Wort. Beachte, dass es in diesem Vers heißt, dass die Zurechtweisung des Wortes uns vollkommen macht, »zu allem guten Werk«. Dies ist völlig ausreichend. Du brauchst keine andere Form der Erziehung.

Einige Leute sagen: »Ja, aber nicht jeder gehorcht dem Wort. Manche reagieren erst dann, wenn in ihrem Leben alles schiefgeht.« Trotzdem, Tragödien, Krankheit und Leid sind nicht Gottes Methode. Seine Methode besteht vielmehr darin, dich durch sein Wort zu lehren, indem der Heilige Geist das Wort in dir lebendig macht. Du kannst natürlich auch auf andere Weise lernen, aber das ist nicht Gottes Methode.

Sicherlich ist es vorgekommen, dass Menschen, die querschnittsgelähmt waren, sich aufgrund ihrer Krankheit Gott zuwandten. Gott hat ihnen wieder neuen Lebensmut gegeben und heute leben sie in Freude und Frieden und viele andere Menschen werden durch sie gesegnet. Das ist gut, doch es wäre falsch, wenn diese Menschen sagen würden: »Gott hat mir diese Querschnittslähmung gegeben, um mich an diesen Punkt zu bringen.« Nein, der Herr hat versucht, sie durch den Heiligen Geist aus dem Wort Gottes zu lehren.

Wenn du nicht durch das Wort auf Gott aufmerksam wirst, kannst du es auch auf andere Weise lernen. Du kannst es auf die harte Tour lernen, sofern du es durchstehst. Schwierige Lebenserfahrungen bringen begeisternde Zeugnisse hervor – für den Fall, dass du sie überlebst! Leider bleiben viele auf der Strecke. Doch das ist nicht Gottes Methode. Er lehrt uns durch sein Wort.

Lass diese Wahrheiten nicht außer Acht!

Alles, was uns geschieht, kann Gott zum Guten für uns dienen lassen. Doch nicht alles, was uns geschieht, kommt von Gott (Röm 8,28; Joh 10,10). Krankheit kommt nicht von Gott (Jak 1,16–17). Der Herr legt keine Krankheit auf dich, um dich zu demütigen. Gott will deine Gesundheit!

Paulus wurde nicht von Gott geplagt. Es war ein Bote Satans, der ihm entgegentrat. Der Herr verweigerte ihm nicht die Heilung, indem er ihm sagte: »Ertrag es einfach.« Nein, der Herr sagte ihm: »Paulus, ich gebe dir Gnade, alle Drangsal und Verfolgung zu erdulden, die der Teufel und die Menschen dir in den Weg stellen.« Gott liebte diese Menschen. Er wollte sie nicht einfach töten und auslöschen, nur um die Probleme von Paulus zu lösen. Da gab es noch weitere »Saulusse«, die von neuem geboren und zu Fürsprechern Gottes gemacht werden mussten (Paulus' Name war *Saulus*, bevor der Herr ihn in *Paulus* änderte – siehe Apg 9; 13,9). Deshalb beendete der Herr die Verfolgung gegen den Apostel Paulus nicht einfach. Es war ein dämonischer Bote, der Drangsal und Verfolgung gegen ihn schürte. Dieser Stachel im Fleisch wurde von Satan gesandt in dem Versuch, Paulus niederzuschlagen, damit er nicht erhoben und von Gott gebraucht werden konnte.

Dies sind großartige Wahrheiten, die eindeutig mit der Gesamtheit des Wortes Gottes übereinstimmen.

Gott will nicht, dass du krank bist, also verstecke dich nicht länger hinter Paulus' Stachel im Fleisch. Lege diese religiöse Voreingenommenheit gegen Heilung ab. Wende dich von dieser falschen Vorstellung ab, dass der Herr dich krank macht, um dich etwas zu lehren. Du musst das Wort Gottes mit einfachem und aufrichtigem Herzen lesen und dich intensiv mit diesen Wahrheiten, über die du bisher in diesem Buch gelesen hast, befassen. Lies selbst die

Bibel. Betrachte die Dinge in ihrem Zusammenhang und versuche, die Bedeutungen der Worte in ihrer ursprünglichen Sprache zu erfassen. Wenn du die Bibel selbst studierst, so glaube ich, werden sich meine Argumente in deinen Augen als wahr erweisen werden.

Religiöse Dogmen, Voreingenommenheit und vorschnelle Schlüsse führen zu der Ansicht, dass es Gottes Wille sei, wenn du krank bist. Es ist eine bequeme Theologie, die sich jeglicher Verantwortung entzieht. Aufgrund dieser Voreingenommenheit haben Menschen in das Wort Gottes Dinge hineininterpretiert, die dort überhaupt nicht stehen.

Lass diese Wahrheiten, die ich dir mitgeteilt habe, nicht außer Acht. Sie werden dir helfen, in deinem Herzen zu verankern, dass deine Gesundheit immer Gottes Wille ist.

KAPITEL 10

Jesus heilte sie alle

Heilung ist Teil des Erlösungswerks Christi (Jes 53,4–5). Daher ist sie keine Zugabe und geschieht auch nicht *zusätzlich* zur Errettung. Sie ist unter Dach und Fach (1Petr 2,24). Durch Christi Tod, Begräbnis und Auferstehung wurde Heilung schon bereitgestellt. Paulus' Stachel im Fleisch war ein dämonischer Bote, der Verfolgung schürte (2Kor 12,7). Das war keine Krankheit. Der Herr erlegt heute niemandem Krankheiten oder Leiden auf. Unter dem neuen Bund sind wir erlöst vom Fluch des Gesetzes (5Mo 28,15–68; Gal 3,13–14). Durch den Glauben an Christus und sein Werk gehört uns in ihm nun jeder Segen – einschließlich Heilung (5Mo 28,1–14; Eph 1,3). Ich hoffe, auch du bist schon zu einer Übereinstimmung mit dem Wort gekommen.

Wenn Satan dich dazu bringen kann zu glauben, dass Gott deine Krankheit will, dass deine Krankheit irgendeinen Zweck hat, dass der Herr Krankheit aus irgendeinem Grund gebraucht, dann ist es unmöglich für dich, wirklich dagegen anzukämpfen. Schließlich würdest du dann ja gegen Gott kämpfen. Also macht es dich passiv.

In Jakobus 4,7 steht:

So unterwerft euch nun Gott!
Widersteht dem Teufel, so flieht er von euch.

Wir müssen dem Teufel widerstehen. Zu widerstehen bedeutet, *aktiv dagegen ankämpfen.* Wenn Satan uns in eine passive Position bringen kann, wo wir einfach sagen: »Nun ja, was immer Gott will«, und wir nicht aktiv gegen den Teufel kämpfen, kann er uns mit Krankheit und Leiden überwältigen. Wenn wir gegen Krankheit ankämpfen, müssen wir wissen, dass wir Gottes Willen tun, und dass wir nicht gegen ihn kämpfen oder gegen seine Korrektur oder Bestrafung rebellieren. Religion behauptet heute grundsätzlich, dass Krankheit von Gott kommt, dass er sie gebraucht, um seinen Willen in unserem Leben zu bewirken, und dass es falsch ist, an Heilung zu glauben. Dieses Denken muss aus unserem Herzen und Sinn vollkommen ausgemerzt werden, bevor wir wirklich glauben und unsere Heilung empfangen können. Das ist die Grundlage.

Wenn das einmal gefestigt ist und wir wirklich glauben, dann bedeutet das nicht, dass wir nun ganz automatisch geheilt werden. Du musst glauben, dass Heilung Gottes Wille ist, doch es gibt weitere Faktoren dafür, Heilung auch wirklich zu erleben. Das werden wir uns in den nächsten Kapiteln anschauen. Wenn Heilung der Wille Gottes ist und wenn er nicht derjenige ist, der uns krank macht, warum wird dann nicht jeder gesund?

Jesus hat sich nicht verändert

Zunächst einmal, als Jesus hier auf Erden war, wurde jede Person geheilt, die sich von ihm dienen ließ. Jesus heilte sie alle, und das tat er nicht nur einmal. Er tat es bei einer Vielzahl von Gelegenheiten. Jesus war das Ebenbild des Vaters. Er sagte: »Ich tue immer das, was ich meinen Vater tun sehe.« Die Tatsache, dass Jesus alle heilte, niemandem jemals die Heilung verweigerte und niemanden krank machte, sollte Beweis genug sein, dass Gott nicht der Verursacher unserer Krankheit ist.

Allein in den Evangelien gibt es siebzehn Begebenheiten, wo Jesus alle Kranken heilte, die anwesend waren. Obwohl es auch bei Markus, Lukas und Johannes Beispiele dafür gibt, lass uns diese Wahrheit im Matthäusevangelium anschauen. Jesus heilte sie alle, und er hat sich nicht verändert.

Jesus Christus ist derselbe gestern und heute und auch in Ewigkeit! — Hebräer 13,8

Nicht Christus hat sich verändert, sondern seine Jünger haben es. Wir repräsentieren ihn nicht so, wie er wirklich repräsentiert werden will. Es ist nicht Gott, der heutzutage die Kranken nicht heilt, sondern seine Jünger. In diesem Bereich haben wir wirklich versagt.

In Matthäus 4,23–24 steht:

Und Jesus durchzog ganz Galiläa, lehrte in ihren Synagogen und verkündigte das Evangelium von dem Reich und heilte alle Krankheiten und alle Gebrechen im Volk. Und sein Ruf verbreitete sich in ganz Syrien; und sie brachten alle Kranken zu ihm, die von mancherlei Krankheiten und Schmerzen geplagt waren, und Besessene und Mondsüchtige und Lahme; und er heilte sie.

Menschen mit mancherlei Krankheiten, Schmerzen und Plagen wurden zu Jesus gebracht und er heilte sie. Er heilte nicht nur einige von ihnen, sondern er heilte sie alle!

Jede Krankheit und jedes Leiden

Als es aber Abend geworden war, brachten sie viele Besessene zu ihm, und er trieb die Geister aus mit einem Wort und heilte alle Kranken, damit erfüllt würde, was durch den Propheten Jesaja gesagt ist, der spricht: »Er hat unsere Gebrechen weggenommen und unsere Krankheiten getragen.«
— Matthäus 8,16–17

Diese Verse zeigen eindeutig, dass Jesus alle heilte, die krank waren – nicht einige von ihnen, sondern alle.

Und Jesus durchzog alle Städte und Dörfer, ***lehrte*** *in ihren Synagogen, verkündigte das Evangelium von dem Reich und heilte jede Krankheit und jedes Gebrechen im Volk.*
— Matthäus 9,35

Was für eine starke Aussage! Jesus heilte jede Krankheit und jedes Gebrechen im Volk. Bei ihm empfingen nicht nur ein paar Menschen Heilung, während andere noch immer krank wieder weggingen. Jesus heilte sie alle.

Jesus aber zog sich von dort zurück, als er es bemerkte. Und es folgte ihm eine große Menge nach, und er heilte sie alle.
— Matthäus 12,15

Selbst wenn es eine große Menge war, heilte er sie alle. Gott will, dass du gesund bist! Jesu Leben und Beispiel sind eindeutig: Er heilte sie alle. Der Herr hat sich nie geweigert, jemanden zu heilen. Es gab einige, die sich weigerten, Heilung zu empfangen, dazu komme ich später. Doch Jesus heilte alle, die sich von ihm dienen ließen.

Als nun Jesus ausstieg, sah er eine große Menge; und er erbarmte sich über sie und heilte ihre Kranken. — Matthäus 14,14

Und sie fuhren hinüber und kamen in das Land Genezareth. Und als ihn die Männer dieser Gegend erkannten, sandten sie in die ganze Umgebung und brachten alle Kranken zu ihm. Und sie baten ihn, dass sie nur den Saum seines Gewandes anrühren dürften; und alle, die ihn anrührten, wurden ganz gesund. — Matthäus 14,34–36

Ehre sei Gott, nicht dem Teufel

Und es kamen große Volksmengen zu ihm, die hatten Lahme, Blinde, Stumme, Krüppel und viele andere bei sich. Und sie legten sie zu Jesu Füßen, und er heilte sie. — Matthäus 15,30

Auch hier bedeutet es, dass er jeden Einzelnen von ihnen heilte. Vers 31 zeigt uns die Resultate:

… sodass sich die Menge verwunderte, als sie sah, dass Stumme redeten, Krüppel gesund wurden, Lahme gingen und Blinde sehend wurden; und sie priesen den Gott Israels.

Etwas, wofür Gott die Ehre bekommt, stammt nicht vom Teufel. Wenn Menschen behaupten, dass ein Heilungswunder vom Teufel stammt, ist das nichts weiter als eine faule Ausrede. Es ist eine Entschuldigung für ihre eigene Machtlosigkeit. Auf diese Weise rechtfertigen sie sich selbst, und um das zu tun, müssen sie diejenigen verurteilen, die dem Beispiel Jesu nachfolgen.

Und es folgte ihm eine große Volksmenge nach, und er heilte sie dort. — Matthäus 19,2

Und es kamen Blinde und Lahme im Tempel zu ihm, und er heilte sie. — Matthäus 21,14

Dies sind nur einige der siebzehn Beispiele, wo Jesus alle heilte, die zu ihm kamen (die anderen sind am Ende dieses Buches im Abschnitt »Will Gott immer heilen?« aufgeführt). Da Jesus gesagt hat, dass er exakt das tut, was er den Vater tun sieht, und in Hebräer 1,3 steht, dass Jesus das Ebenbild des Vaters ist, zeigt uns das, dass Gott uns alle heilen will.

Warum erleben wir dann nicht, dass jeder einzelne Mensch geheilt wird? Das ist eine einfache Frage mit einer vielschichtigen Antwort. Damit werden wir uns in den folgenden Kapiteln befassen.

KAPITEL 11

Warum wird nicht jeder geheilt?

Wenn Gott uns alle heilen will, warum ist dann nicht jeder geheilt? Jesu Jünger stellten in Matthäus 17 im Prinzip die gleiche Frage.

Da traten die Jünger allein zu Jesus und sprachen: Warum konnten wir ihn nicht austreiben? — Matthäus 17,19

Im ersten Teil dieses Kapitels nahm Jesus drei seiner Jünger – Petrus, Jakobus und Johannes – mit sich auf einen Berg. Dort wurde er verklärt. Er strahlte buchstäblich das Licht der Herrlichkeit Gottes aus. Eine Wolke überschattete Jesus und die drei Jünger, und eine hörbare Stimme erklang aus der Wolke und sagte:

Dies ist mein geliebter Sohn, an dem ich Wohlgefallen habe; auf ihn sollt ihr hören! — Matthäus 17,5

Elia und Mose erschienen und sprachen mit Jesus über seine Kreuzigung, die kurz bevorstand. Diese Jünger sahen all das und hatten eine wunderbare, herrliche Zeit. Dann kamen sie vom Berg herab zu den anderen Jüngern und zu der Menge, die sich dort versammelt hatte.

Und als sie zur Volksmenge kamen, trat ein Mensch zu ihm, fiel vor ihm auf die Knie und sprach: Herr, erbarme dich über meinen Sohn, denn er ist mondsüchtig und leidet schwer; er fällt nämlich oft ins Feuer und oft ins Wasser! Und ich habe ihn zu deinen Jüngern gebracht, aber sie konnten ihn nicht heilen. — Matthäus 17,14–16

Während Jesus mit Petrus, Jakobus und Johannes auf dem Berg war, blieben die anderen Jünger unten. Ein Mann kam mit seinem Sohn, über den die Bibel sagt, dass er mondsüchtig war. Er litt unter Anfällen, wahrscheinlich war es eine Art von Epilepsie. Dies wird in Markus' Bericht des gleichen Ereignisses beschrieben (Mk 9,17–29). Also brachte der Vater diesen Jungen zu den Jüngern Jesu, damit sie diesen Dämon austrieben, doch sie konnten es nicht.

Da antwortete Jesus und sprach: O du ungläubiges und verkehrtes Geschlecht! Wie lange soll ich bei euch sein? Wie lange soll ich euch ertragen? Bringt ihn her zu mir! — Matthäus 17,17

Jesus war gar nicht erfreut über die Unfähigkeit seiner Jünger, diese Heilung zu bewirken. Wäre der Herr da gewesen, hätte er diesen Jungen geheilt, und kurz darauf tat er das auch. Doch Jesus gefiel die Unfähigkeit seiner Jünger, mit dieser Situation fertigzuwerden, überhaupt nicht. Das ist eine vollkommen andere Haltung als die, die die meisten Menschen heute haben.

»Ich habe versagt«

In der Tat werden einige Menschen meine Lehre in diesem Buch kritisieren, weil ich sage, dass Gott jeden jederzeit heilen will. Was ist der Grund dafür, dass wir die Heilung von Menschen heute nicht erleben? Offensichtlich liegt es daran, dass wir Gott das nicht zutrauen. Wir handeln im Unglauben. Statt das zu akzeptieren, werden mich einige Leute kritisieren und sagen: »Du hast kein Mitleid. Du kritisierst nur die Menschen, denen gegenüber du Mitgefühl zeigen solltest. Du solltest ihnen sagen, dass sie ihr Bestes geben, und alles ist gut.«

Nun, wie hat Jesus geantwortet? Als er herausfand, dass seine Jünger dieses Problem nicht lösen konnten, sagte er: »O du ungläubiges und verkehrtes Geschlecht! Wie lange soll ich bei euch sein? Wie lange soll ich euch ertragen? Bringt ihn her zu mir!« Glaubst du wirklich, dass Jesus heute eine mitfühlendere Antwort für uns hätte? Glaubst du, dass der Herr sich verändert hat und nun nicht mehr möchte, dass wir den Menschen mit Heilung dienen? Absolut nicht!

Ich selbst habe versagt. Ich erlebe nicht immer, dass Heilung geschieht. Ich habe erlebt, dass mir sehr nahestehende Menschen gestorben sind – Familienangehörige und Freunde, die ich von ganzem Herzen geliebt habe. Ich musste einen Teil der Verantwortung dafür auf mich nehmen. Es ist eine komplexe Angelegenheit. Ich sage nicht, dass alles meine Schuld, ihre Schuld oder die Schuld von sonst jemand war. Wir lernen noch immer. Doch ich sage, dass ich weiß, dass Gott Heilung für diese Menschen wollte.

Ich erlebte, wie mein Vater starb, nachdem ich monatelang für seine Heilung gebetet hatte. Damals war ich zwölf Jahre alt. Ein paar Jahre später erlebte ich, wie das Mädchen starb, mit dem ich inoffiziell verlobt war. (Ich war nicht wirklich mit ihr verlobt, aber wir hatten darüber nachgedacht. Ich war Soldat in Vietnam, doch ihre Familie sagte, dass ich ihr Verlobter wäre, was mir einen Sonderurlaub ermöglichte, um während dieser Zeit nach Hause zu kommen.) Ich erinnere mich daran, wie ich bei ihr war, als sie starb. Wir standen stundenlang da, beteten und glaubten daran, dass sie von den Toten auferstehen würde.

Ich verstehe Menschen, die dieser Verantwortung aus dem Weg gehen wollen, weil sie es nicht ertragen können. Wenn sie daran denken würden, dass sie etwas hätten tun können, um das zu verhindern, würden sie große Schuldgefühle bekommen. Sie müssten zugeben: »Ich habe versagt.« Nun, ich glaube, ich habe versagt. Ich glaube, nicht nur ich, sondern auch dieses Mädchen, mein Vater und andere. Wir haben uns nicht das angeeignet, was Jesus für uns bereitgestellt hat. Ja, wir lagen falsch. Doch werde ich deswegen verurteilt? Nein, ganz und gar nicht. Ich glaube, dass Gott mich liebt. Er hat mich getröstet. Doch die Wahrheit hat mich angespornt, ins Wort zu gehen und herauszufinden, was sein Wort sagt, um das nicht wieder geschehen zu lassen. Glaube mir, ich bin motiviert! Ich erkenne, dass nicht Gott die Menschen sterben lässt. Wir sind diejenigen, und zwar wegen unseres Unglaubens.

Wir sind verantwortlich

Jesus sagte: »Ihr ungläubiges und verkehrtes Geschlecht.« Wenn Menschen heutzutage mit einem finanziellen Problem in die Gemeinde kommen, schicken wir sie zu Geldgebern, indem wir fragen: »Warst du schon bei der Bank? Hast du schon Sozialhilfe beantragt?« Wenn sie krank sind, fragen wir: »Warst du schon beim Arzt? Musst du operiert werden? Nimmst du Medikamente?« Wenn sie deprimiert und entmutigt sind, fragen wir: »Nimmst du Medikamente dagegen? Warst du bei einem Psychiater? Du brauchst eine Psychotherapie.« Mit anderen Worten, die Gemeinde hat sich im Großen und Ganzen ihrer Vollmacht und Verantwortung für die Nöte der Menschen entzogen. Heute empfinden

Menschen dich als taktlos und unbarmherzig, wenn du ihnen sagst: »Wir sind dafür verantwortlich, den Kranken, Armen und Besessenen zu dienen.«

Jesus war nicht zufrieden damit, dass seine Jünger diese Heilung nicht bewirken konnten. Der Herr ist auch heute nicht zufrieden damit, dass seine Jünger nicht die Heilung aller Kranken erleben. Gott will, dass jedes Mal jeder Einzelne geheilt wird. Der Grund dafür, dass das nicht geschieht, ist nicht Gottes Versagen. Vielmehr liegt es daran, dass wir als seine Repräsentanten nicht in der Fülle dessen wirken, was er für uns bereitet hat.

Ja, das überträgt die Verantwortung auf mich. Ja, das bedeutet, dass ich versagt habe. Ja, das bedeutet, dass auch andere Menschen versagt haben. Doch ich möchte lieber für die Integrität Gottes einstehen als für meine eigene. Gott ist ein guter Gott und er lässt die Menschen nicht sterben. Gott ist nicht derjenige, der Menschen an tödlichen Krankheiten wie Krebs oder Aids erkranken lässt. So läuft das nicht.

Sünde

Es gibt drei Hauptgründe, warum Menschen krank werden. Einer davon ist Sünde.

Nachdem er den Mann am Teich von Bethesda geheilt hatte, sagte Jesus zu ihm:

> *Siehe, du bist gesund geworden; sündige hinfort nicht mehr, damit dir nicht etwas Schlimmeres widerfährt! — Johannes 5,14*

Jesus machte es in diesem Vers ganz klar, dass dieser Mann wieder krank werden könnte, und zwar mit einer schlimmeren

Krankheit als zuvor, wenn er weiterhin sündigen würde. Deswegen stellte Jesus diesen Zusammenhang zwischen Krankheit und Sünde her. Das ist nicht der einzige Grund, dass Menschen krank werden, aber es ist *ein* Grund.

Wenn Alkoholiker ihr ganzes Leben lang trinken und eine Lebererkrankung bekommen, haben sie das selbst verursacht. Satan gebrauchte ihr Handeln, um Zugang zu ihnen zu bekommen. Sie haben die Lebererkrankung nicht, weil Gott sie verursacht hätte, und auch nicht, weil der Teufel direkt dafür verantwortlich war, sondern sie ernten das Resultat ihrer Sünde (Röm 6,21–23). Drogenabhängige bekommen einen Hirnschaden. Oft infizieren sie sich mit einer Krankheit, die durch gemeinsam benutzte Spritzen übertragen werden. Menschen, die Geschlechtsverkehr mit häufig wechselnden Partnern haben, holen sich sexuell übertragbare Krankheiten. Das geschieht nicht, weil Satan sie drangsaliert. Sie tun sich das selbst an. Durch Sünde haben sie eine Tür dafür geöffnet.

Ein direkter Angriff

Der zweite Hauptgrund für Krankheiten ist, dass wir in einem Kampf mit dem Teufel stehen. Manche Menschen sind sich dessen nicht bewusst, doch nicht alles, was so vor sich geht, ist rein natürlich. Es tobt ein geistlicher Kampf zwischen den Engeln Gottes, die den Willen des Herrn ausführen, und dämonischen Geistern, die den Willen Satans ausführen. Manchmal bekämpft uns unser Feind einfach, ohne dass es mit einer einzelnen Sünde zu tun hat, die wir begehen. In gewissem Sinn hat es mit Sünde zu tun, denn durch Sünde wurde Satan auf diese Erde losgelassen, doch Krankheit kommt nicht unbedingt durch deine eigene Sünde. Jesus sprach darüber, als er einem Mann begegnete, der blind geboren worden war.

Und seine Jünger fragten ihn und sprachen: Rabbi, wer hat gesündigt, sodass dieser blind geboren ist, er oder seine Eltern? Jesus antwortete: Weder dieser hat gesündigt noch seine Eltern; sondern an ihm sollten die Werke Gottes offenbar werden! — Johannes 9,2–3

Der Herr sagte nicht, dass weder dieser Mann noch seine Eltern jemals gesündigt hätten. In diesem Punkt ist die Bibel sehr klar.

Denn alle haben gesündigt und verfehlen die Herrlichkeit, die sie vor Gott haben sollten. — Römer 3,23

Auch wenn sie in ihrem Leben gesündigt hatten, sagte Jesus, dass weder die Sünde des Mannes noch die seiner Eltern diese Blindheit verursacht hat. Es ist einfach geschehen. Es herrscht ein geistlicher Kampf und Satan geht umher und sucht, wen er verschlingen kann (1Petr 5,8).

Sünde ist ein Grund dafür, dass Menschen krank werden. Ein anderer Grund ist, dass wir in einer gefallenen Welt leben und es geistliche Kämpfe gibt. Manchmal greift Satan uns einfach mit bestimmten Dingen an. Eine Erkrankung kann nichts weiter als ein direkter Angriff des Teufels sein.

Natürliche Dinge

Der dritte Hauptgrund für eine Erkrankung sind natürliche Umstände. Das ziehen viele geisterfüllte Christen nicht wirklich in

Betracht. Sie verstehen die ersten beiden Gründe – Sünde als ein Einfallstor für Satan in unser Leben, wodurch er Dinge tun kann, und dass wir uns in einem geistlichen Kampf befinden und der Teufel uns manchmal einfach nur bekämpft. Doch oft vergeistlichen geisterfüllte Christen so vieles, dass sie es nicht verstehen, wenn manche Dinge ganz natürlich passieren.

Wenn du unachtsam eine Treppe hinuntergehst, kannst du stolpern, fallen und dir ein Bein, den Hals oder ein Schlüsselbein brechen. Dir können alle möglichen schlimmen Dinge passieren. Und doch ist der Grund dafür nicht Sünde oder der Teufel, sondern etwas ganz Natürliches. Du kannst dich verletzen, erkälten, dir eine Infektion oder eine Prellung einfangen – alle möglichen Dinge – aus ganz natürlichen Gründen.

Ich habe von Menschen gehört, die von einer Klippe sprangen, in niedrigem Wasser auf dem Felsboden aufkamen und sich die Wirbelsäule brachen. Jetzt sind sie querschnittsgelähmt. Das war nicht unbedingt der Teufel, der ihnen das angetan hat. Er mag sie gegen ihr besseres Wissen gelockt haben, etwas zu tun, was nicht weise war, aber ihre Verletzung hatte eine natürliche Ursache. Wenn jemand durch einen Autounfall Gliedmaße verliert, dann war das nicht so sehr der Teufel als vielmehr etwas Natürliches.

Seit der Mensch in Sünde fiel und Sünde die Erde verdarb, wurden auch alle möglichen Arten von einstmals guten Keimen, Bakterien, Viren und Pilzen verdorben, und nun bekämpfen sie unseren menschlichen Körper. In dieser gefallenen Welt sind viele Dinge einfach natürlich – einfach so, wie sie sind.

Eines Tages hatte ein Mann, den ich kannte, einen Unfall, während er das Dach seines Hauses deckte. Er schlug einen Nagel ein, der brach, prallte vom Dach ab und traf sein Auge. Viele Menschen würden sagen: »Das war der Teufel«, aber Fehler passieren.

Die Menschen sind nicht perfekt. Manchmal sind die Dinge ganz natürlich erklärbar.

Es gibt immer etwas, was wir dagegen tun können

Durch Sünde kannst du der Krankheit ein Einfallstor geben.

Es kann auch natürlich sein. Wenn du vom Dach deines Hauses fällst, wirst du dich verletzen. Du kannst dir wehtun oder dir etwas brechen. Es ist nicht unbedingt dämonisch. Es liegt nicht an Sünde. Es ist ganz einfach natürlich. Manchmal passieren solche Dinge nun einmal.

Oder der Teufel greift dich an, obwohl du nichts falsch gemacht hast. Tatsächlich ist es ein sehr gutes Zeichen dafür, dass du etwas richtig machst, wenn Satan dich bekämpft. Der Feind versucht, solche Menschen zu behindern, die auf Gott reagieren und den Feind bekämpfen. Wenn du auf Riesen triffst, weißt du, dass du das Gelobte Land erreicht hast. Wenn Probleme dir direkt ins Gesicht starren, ist das manchmal ein Zeichen dafür, dass du die Dinge richtig machst und nicht falsch.

Die gute Nachricht ist: Was auch immer die Krankheit verursacht hat – Sünde, der Teufel oder natürliche Umstände –, es gibt immer etwas, was wir dagegen tun können. Da der Herr uns von Krankheit und Leid erlöst hat, können wir unsere Vollmacht ergreifen, unseren Glauben einsetzen und Heilung bewirken. Selbst wenn unsere eigene Sünde der Krankheit die Tür geöffnet hat, können wir Buße tun und uns davon abwenden, und Vergebung und die Heilungskraft Gottes in unserem Leben freisetzen. Woher auch immer diese Krankheiten und Leiden kommen, für uns als Gläubige gibt es immer etwas, was wir dagegen tun können.

KAPITEL 12

Wegen eures Unglaubens

Nachdem Jesus seine Jünger zurechtgewiesen hatte, heilte er den dämonisierten Jungen.

> *Und Jesus befahl dem Dämon, und er fuhr von ihm aus, und der Knabe war gesund von jener Stunde an. — Matthäus 17,18*

Sofort nahmen die Jünger ihn zur Seite und fragten:

> *Warum konnten wir ihn nicht austreiben? — Matthäus 17,19*

Mit dieser Frage beschäftigen wir uns nun. Wenn Gott Heilung will und Jesus diesen Jungen geheilt hat, warum konnten ihn die Jünger dann nicht heilen? Wenn wir glauben, dass Gott Heilung für jeden will, warum erleben wir dann nicht, dass jeder geheilt wird? Was sind die Gründe dafür, dass jemand nicht geheilt wird?

Warum waren die Jünger verwundert?

»Warum konnten *wir* den Dämon nicht austreiben?« Die Jünger, die Jesus diese Frage stellten, glaubten, dass Heilung der Wille Gottes ist. Sie wussten, dass sie Vollmacht hatten, Dämonen auszutreiben. Sie hatten bereits Kraft und Autorität empfangen, Kranke zu heilen und Dämonen auszutreiben. Das zeigt uns die Bibel sieben Kapitel zuvor:

> *Da rief er seine zwölf Jünger zu sich und gab ihnen Vollmacht über die unreinen Geister, sie auszutreiben, und jede Krankheit und jedes Gebrechen zu heilen. … Heilt Kranke, reinigt Aussätzige, weckt Tote auf, treibt Dämonen aus!*
> *— Matthäus 10,1.8*

Die Parallelstellen zu diesem Abschnitt berichten, was die Jünger taten:

> *… und trieben viele Dämonen aus und* ***salbten*** *viele Kranke mit Öl und heilten sie. — Markus 6,13*

> *Und sie gingen aus und durchzogen die Dörfer, verkündigten das Evangelium und heilten überall. — Lukas 9,6*

Wir lesen nicht, dass sie zuvor eine ähnliche Frage gestellt hatten, und einen Dämon nicht austreiben konnten. Das bedeutet, dass jene Jünger in Markus 6 ihre Macht und Autorität erfolgreich eingesetzt hatten. Also fragten sie nicht, weil sie keinen Glauben hatten. Sie glaubten! Sie hatten ja diese Kraft bereits eingesetzt und die gewünschten Ergebnisse gesehen. Darum waren sie jetzt verwundert.

Wenn diese Jünger gedacht hätten: *Wir glauben einfach nicht, dass man jemanden mit diesem Leiden heilen kann. Wir glauben nicht, dass Gott dazu in der Lage ist*, dann hätten sie diese Frage nicht gestellt. Doch gerade die Tatsache, dass sie fragten, zeigt, dass sie glaubten – und dennoch erzielten sie nicht das gewünschte Resultat.

Einfach, aber tiefgreifend

Folgendes ist ein wichtiger Punkt. Menschen, die nicht glauben, dass Gott heilen will, machen sich wenig Gedanken über Fragen wie: *Warum wird nicht jeder geheilt?* Denn sie glauben ja gar nicht erst, dass Gott jeden Menschen heilt. Diejenigen, die glauben, dass Heilung Gottes Wille ist, verwundert es dagegen, wenn nicht jeder geheilt wird – die eigene Person eingeschlossen. Wie kommt das?

Die Antwort Jesu auf die Frage seiner Jünger, warum sie den Dämon nicht aus diesem Jungen austreiben konnten, ist sehr aufschlussreich:

Um eures Unglaubens willen! — Matthäus 17,20

Das ist einfach, aber tiefgreifend: »Um eures Unglaubens willen!«

Die meisten Leute würden etwas anderes sagen. Wenn ich dich nicht auf diese Bibelstelle aufmerksam gemacht hätte, wäre deine Antwort wahrscheinlich eine andere als die von Jesus gewesen. Wenn ich mich mit dir persönlich unterhalten und dich gefragt hätte: »Warum wird nicht jeder geheilt?«, dann hättest du vielleicht so etwas gesagt wie: »Sie haben halt nicht genug Glauben.« Das ist eine typische Antwort, die man von den meisten Leuten bekommen würde.

Es stimmt, dass fehlender Glaube Einfluss darauf hat, ob jemand seine Heilung empfängt. Wann immer Jesus heilte, war ein gewisses Maß an Glauben daran beteiligt. Nun mögen manche sagen: »Was ist mit Lukas 7,11–16, wo Jesus in der Stadt Nain einen Jungen von den Toten auferweckt hat?« Es war der Glaube der Mutter, die trotz ihres Kummers zuließ, dass Jesus den Trauerzug aufhielt. Sie befolgte seine Anweisung, als er sagte: »Weine nicht!« (V. 13). Wäre kein Glaube im Spiel gewesen, hätten sie und die übrigen Anwesenden völlig anders reagiert. Wann immer Jesus jemanden heilte, musste einer der Anwesenden ein gewisses Maß an Glauben haben.

Greif zu und nimm!

Manchmal kamen Menschen so wie die Frau in Markus 5 zu Jesus:

> *Denn sie sagte sich: Wenn ich nur sein Gewand anrühre, so werde ich geheilt. — Markus 5,28*

Sie war im Glauben, als sie den Saum seines Gewandes berührte, woraufhin die Kraft Gottes floss und diese Frau geheilt wurde. Der Herr sagte ihr: »Dein Glaube hat dich gerettet« (V. 34). Das ist *starker* Glaube. Das ist ein Glaube, der zugreift und nimmt, was Gott anbietet.

Nicht jeder, der Heilung empfing, zeigte diese Art von Glauben, doch war zumindest das, was ich *passiven* Glauben nenne, notwendig. Du hast vielleicht nicht diesen Glauben, der zugreift und nimmt. Doch wenn du durch mein Gebet und meinen Glauben Heilung empfangen willst, musst du zumindest den passiven Glauben haben, dass du Heilung empfängst, wenn ich für dich bete. Lass mich das genauer erklären.

Wir haben gerade festgestellt, was die häufigste Antwort ist, wenn du jemanden fragst: »Warum wird nicht jeder geheilt?« Die meisten Leute sagen: »Weil sie einfach nicht genug Glauben haben.« Es ist wahr: Wenn jemand nicht im Glauben handelt, hindert ihn das, zu empfangen. Doch was sagte der Herr?

Jesus aber sprach zu ihnen: Um eures Unglaubens willen.
— Matthäus 17,20

Er sagte nicht, dass es an ihrem *kleinen* Glauben lag. Er sagt, dass es an ihrem *Unglauben* lag.

Glaube und Unglaube

Einige Bibelübersetzungen geben diesen Vers ungenau wider, wenn es dort heißt: »Wegen eures Kleinglaubens.« Das ist eine wirklich schlechte Übersetzung, die nicht die Aussage dieses Verses trifft. In den meisten Bibelübersetzungen, besonders in den wortgetreuen, lautet dieser Versteil: »Wegen eures Unglaubens« und nicht: »Wegen eures Kleinglaubens«.

Nun fragst du dich vielleicht: *Was ist denn der Unterschied? Wenn du Unglauben hast, bedeutet das: Du hast keinen Glauben. Aber wenn du Glauben hast, hast du keinen Unglauben.* Nein, das stimmt so nicht.

Die meisten Menschen haben folgende Vorstellung: Wenn man Gott glaubt, dann bedeutet das automatisch, dass man keinen Unglauben hat. Wenn man Unglauben hat, bedeutet das automatisch, dass man keinen Glauben hat. Wenn jemand wirklich glaubt, gibt es keinerlei Unglauben. Doch das lehrt uns das Wort nicht.

Denn wahrlich, ich sage euch: Wenn jemand zu diesem Berg spricht: Hebe dich und wirf dich ins Meer! und in seinem Herzen nicht zweifelt, sondern glaubt, dass das, was er sagt, geschieht, so wird ihm zuteilwerden, was immer er sagt.
— Markus 11,23

Jesus sagt, dass du zu diesem Berg sprechen musst. Wir verstehen, dass wir im Glauben sprechen müssen und in unseren Herzen nicht zweifeln dürfen. Doch wenn Glauben automatisch bedeutet, dass wir keinerlei Unglauben haben – warum erwähnt Jesus dann diese Zweifel im Herzen? Die Wahrheit ist: Du kannst gleichzeitig Glauben und Unglauben haben.

Gleichzeitig

Betrachten wir die Parallelstelle vom Vater und seinem dämonisierten Sohn in Markus 9:

> *Und sie brachten ihn zu ihm [Jesus]. Und sobald der Geist ihn sah, zerrte er ihn, und er fiel auf die Erde, wälzte sich und schäumte. Und er fragte seinen Vater: Wie lange geht es ihm schon so? Er sprach: Von Kindheit an; und er hat ihn oft ins Feuer und ins Wasser geworfen, um ihn umzubringen; doch wenn du etwas kannst, so erbarme dich über uns und hilf uns! Jesus aber sprach zu ihm: Wenn du glauben kannst – alles ist möglich dem, der glaubt! — Markus 9,20–23*

Mit anderen Worten: Der Vater hatte den Anfall seines Sohnes vor Augen und war aufgebracht und frustriert. Schließlich schaute er Jesus an und sagte zu ihm: »Wenn du etwas tun kannst, dann hilf uns.« Er begann zu zweifeln und zu verzweifeln. Er blickte auf die Situation und sagte: »Gott, ich weiß nicht, ob du damit fertigwirst.« Anstatt die ganze Verantwortung für die Heilung selbst zu übernehmen, wandte sich Jesus zu diesem Vater und rief aus: »Wenn du glauben kannst – alles ist möglich dem, der glaubt!«

Nun schau dir die Antwort des Vaters an.

Und sogleich rief der Vater des Knaben mit Tränen und sprach: Ich glaube, Herr; hilf mir, [loszukommen] von meinem Unglauben! — Markus 9,24

Jesus sagt daraufhin nicht: »Was für eine dumme Antwort. Wenn du wirklich glaubst, dann hast du keinen Unglauben. Und wenn du Unglauben hast, dann glaubst du gar nicht wirklich.« Weder korrigierte ihn der Herr noch wies er ihn zurecht oder tat etwas Ähnliches. Er drehte sich einfach nur um und heilte den Jungen. Das zeigt uns, dass man Glauben und doch gleichzeitig Unglauben haben kann.

Neutralisierter Glaube

Stell dir ein Pferdegespann vor einer Kutsche vor. Unter normalen Umständen hätte es genug Kraft und könnte den Wagen bewegen. Doch wenn du ein ebenso starkes Pferdegespann auf der anderen Seite der Kutsche hast und beide gleichzeitig in die entgegengesetzte Richtung ziehen lässt, wäre das Ergebnis gleich null. Würden beide Gespanne mit ihrer ganzen Kraft am Wagen ziehen, würde er sich nicht bewegen, denn die Kräfte beider Gespanne würden sich gegenseitig aufheben. Das eine Gespann macht den Einsatz des anderen zunichte, denn die Kräfte gleichen einander aus.

Darüber spricht Jesus hier in Matthäus 17,20. Er sagte seinen Jüngern nicht: »Es liegt daran, dass euer Glaube nicht ausreicht.« Vielmehr sagte er: »Es liegt an eurem Unglauben. Euer Unglaube hat euren Glauben neutralisiert.«

Sie hatten zuvor schon im Glauben gehandelt. Sie hatten erlebt, wie Dämonen ausgetrieben und Menschen geheilt und befreit wurden. Diesmal taten sie das Gleiche wie zuvor, doch dieses Mal erzielten sie nicht das gleiche Resultat. Darum waren sie verwundert. Sie wussten, dass sie Gott glaubten. Darum fragten sie ihn: »Warum konnten wir den Dämon nicht austreiben?« Jesus antwortete ihnen nicht: »Wegen eures Kleinglaubens.« Er sagte: »Wegen eures Unglaubens.«

Ein winzig kleines Senfkorn

Wenn du dir den Rest des Verses anschaust, macht es auch gar keinen Sinn, es mit »wegen eures Kleinglaubens« zu übersetzen.

> *Jesus aber sprach zu ihnen: Um eures Unglaubens willen! Denn wahrlich, ich sage euch: Wenn ihr Glauben hättet wie ein Senfkorn, so würdet ihr zu diesem Berg sprechen: Hebe dich weg von hier dorthin! und er würde sich hinwegheben; und nichts würde euch unmöglich sein. — Matthäus 17,20*

Jesus sagt: »Wenn euer Glaube nur die Größe eines Senfkorns hat, ist euch nichts unmöglich.« Ein Senfkorn ist einer der kleinsten Samen, die es gibt. So ähnlich wie Mohn auf einem Brötchen. Was unser Herr damit sagen möchte: Selbst wenn dein Glaube winzig ist, reicht er dennoch aus, um einen Berg ins Meer zu stürzen. Du brauchst keinen großen Glauben. Du brauchst nur einen Glauben, der nicht durch die entgegengesetzte Kraft des Unglaubens aufgehoben oder neutralisiert wird. Glaube von der Größe eines kleinen Senfkorns reicht aus, um zu einem Berg zu sprechen und zu sehen, wie er ins Meer geworfen wird. Du musst ihn dazu nicht einmal berühren.

Wenn Jesus wirklich gesagt hätte: »Es liegt an eurem Kleinglauben«, dann hätte er genau seinem Argument im restlichen Vers widersprochen, als er über den Senfkornglauben sprach, der Berge versetzt. Merkst du, dass das nicht zusammenpasst? Es macht einfach keinen Sinn. Jesus sagte seinen Jüngern: »Es lag nicht daran, dass ihr nicht geglaubt hättet. Es lag an eurem Unglauben, der euren Glauben zunichtegemacht hat. Darum habt ihr nicht das gewünschte Resultat erzielt.«

KAPITEL 13

Zunichtegemachter Glaube

Kurz nachdem ich zum ersten Mal erlebt hatte, wie jemand von den Toten auferstand, war ich begeistert. Ich war voller Erwartung, denn ich dachte: *Wenn ich sehen kann, wie jemand von den Toten aufersteht, dann kann ich auch erleben, dass sich blinde Augen öffnen, taube Ohren hören und Menschen aus dem Rollstuhl aufstehen – alles ist möglich!* Ich hielt einen Gottesdienst in Omaha (Nebraska) ab. Links von mir in der ersten Reihe saß ein Mann im Rollstuhl. Ich war total aufgeregt und dachte: *Gott, ich habe gesehen, wie du jemand von den Toten auferweckt hast. Daher weiß ich, dass dieser Mann geheilt wird.* Ich konnte es kaum abwarten, zum Ende der Predigt zu kommen und diesem Mann dienen zu können.

Sobald ich mit meiner Botschaft fertig war, ging ich zu ihm hinüber, ergriff ihn bei den Händen und proklamierte: »Im Namen Jesu von Nazareth, steh auf und geh!« Als ich ihn aus seinem Rollstuhl zerrte, kam er hoch und legte – wortwörtlich – eine Bauchlandung hin. Weil er querschnittsgelähmt war, konnte er weder stehen noch sich abstützen.

Als das passierte, ging ein Raunen durch die schockierte Menge. Man konnte ihren Unglauben spüren. Auch ich war schockiert. Ich sagte zu mir: *Schau, was du diesem Mann angetan hast. Du hast ihn beschämt und gedemütigt.* Auch ich fühlte mich beschämt und gedemütigt, es war ein schreckliches Gefühl. Also kniete ich mich auf den Boden, legte meine Arme um diesen Mann, hievte ihn in den Rollstuhl zurück und sagte sinngemäß zu ihm, was Jakobus 2,16 ausdrückt: *Geh hin in Frieden, wärme und sättige dich.* Doch ich gab ihm nicht das, was er brauchte. Er verließ den Gottesdienst in seinem Rollstuhl.

Als ich in mein Hotelzimmer zurückkehrte, ging mir ständig die Frage durch den Kopf: »Gott, warum ist das passiert?« Was mich verwunderte, war die Tatsache zu wissen, dass ich wirklich Glauben hatte. Einige mögen denken: *Nein, wenn du Glauben gehabt hättest, wäre der Mann doch geheilt worden.* Nein, ich hatte Glauben. Nach meinem Ermessen hatte ich meinen Glauben bei diesem Mann genau so eingesetzt wie bei dem Mann, der von den Toten auferstanden war. Ich hatte genauso viel Glauben. Es war nicht so, dass ich Gott nicht glaubte. Wenn du nicht mit Gewissheit glaubst, dass die betreffende Person wieder laufen kann, würdest du sie niemals aus dem Rollstuhl zerren. Ich hatte nicht erwartet, dass der Mann zu Boden fallen würde. Ich hatte erwartet, dass er laufen würde. Der Glaube war da. Und weil ich Glauben hatte, war ich verwundert. Warum stimmten die Resultate nicht?

Menschenfurcht

Also fragte ich Gott: »Warum wurde dieser Mann nicht geheilt?« Mein messerscharfer Verstand brauchte drei Jahre, um das endlich zu begreifen. Der Herr zeigte mir: »Andrew, du hattest Glauben. Doch du hattest auch Unglauben.« Als die Menschen schockiert waren und ich in Panik geriet, war das Unglaube. Ich habe mich mehr darum gekümmert, was andere Leute sagen, als um das, was Gott zu sagen hatte.

Jesus sagt:

Wie könnt ihr glauben, die ihr Ehre voneinander nehmt und die Ehre von dem alleinigen Gott nicht sucht? — Johannes 5,44

Wenn du die Bestätigung von Menschen brauchst, um dich selbstsicher zu fühlen, dann versuchst du, den Menschen zu gefallen. Sich Sorgen über die Meinung anderer zu machen, ist Menschenfurcht. Furcht ist das Gegenteil von Glauben. Eigentlich ist Furcht Glaube im Rückwärtsgang.

Ich war besorgt darüber, was Menschen über mich denken würden. Ich war beschämt und gedemütigt. Diese Art von Unglauben und Furcht machte meinen Glauben zunichte. Ja, ich hatte Glauben. Aber ich hatte auch Unglauben. Ich war noch immer beeinflusst davon, was Menschen über mich denken würden, und das hebelte meinen Glauben aus.

»Lasst sie los!«

Gott begann mir diese Wahrheit zu offenbaren, als ich ein Buch über Smith Wigglesworth las. Zu Beginn seiner Versammlungen hatte er die Angewohnheit, sich auf die Bühne zu stellen und mit lauter Stimme auszurufen: »Wer als Erstes hier auf der Bühne ist, wird von seiner Krankheit geheilt – was auch immer es sein mag!« Dann diente er dieser Person und sie wurde geheilt. Das erregte die Aufmerksamkeit aller, und dann lehrte er darüber, wie das geschehen war. Danach gab er einen Aufruf zum Gebet und betete für große Menschenmengen.

Einige Frauen in der ersten Reihe kannten diesen üblichen Ablauf und so sprangen sie auf, sobald er die Einladung aussprach.

Sie hatten eine ältere Freundin bei sich, die so schwach und gebrechlich war, dass sie nicht einmal allein aufrecht sitzen konnte, geschweige denn stehen. Zwei Frauen mussten ihr helfen, damit sie stehen konnte. Der große Tumor in ihrem Bauch ließ sie aussehen, als wäre sie im neunten Monat schwanger. Sie war in sehr schlechter Verfassung. Als Smith diesen Aufruf machte, ergriffen die beiden Frauen sie und schleppten sie auf die Bühne.

Da standen sie also alle drei auf der Bühne, die Frau mit dem riesigen Tumor, gestützt auf beiden Seiten von ihren Freundinnen. Wigglesworth schaute sie an und sagte: »Lasst sie los.«

Die beiden Frauen versuchten zu erklären: »Wir können sie nicht loslassen. Sie ist zu schwach und kann nicht allein stehen.«

In seiner gewohnten Art brüllte Wigglesworth sie an: »Ich habe gesagt: Lasst sie los!« Also taten sie es. Die Frau fiel zu Boden auf den Tumor und stöhnte laut auf vor Schmerzen.

Im Publikum wurde es unruhig. Die Leute waren schockiert und voller Unglaube – genau die gleiche Reaktion wie bei mir, als ich jenen Mann aus dem Rollstuhl zog. In dieser ähnlichen Situation hatte ich mich geschämt und schuldig gefühlt, voller Furcht über das, was wohl die Leute denken könnten. Ich dachte: *Man wird mich anzeigen oder irgendetwas Schreckliches wird passieren.* Wie reagierte Smith Wigglesworth? Er sagte: »Hebt sie auf.«

Also hoben sie diese Frau hoch und als sie wieder zwischen ihnen stand, sagte Smith: »Lasst sie los!« Er war nicht im Geringsten beunruhigt. Er ließ sich in seinem Glauben nicht verunsichern.

Weniger Unglaube

Die zwei Damen antworteten ihm: »Wir werden sie nicht loslassen! Wir können sie nicht loslassen. Sie wird fallen.«

Und wieder brüllte er sie an: »Lasst sie los!« Also ließen sie sie los. Zum zweiten Mal fiel die Frau zu Boden, direkt auf den Tumor. Wieder reagierte das Publikum entsetzt. Ein Raunen und Stöhnen ging als Ausdruck des Unglaubens durch die Reihen der Zuschauer. Wigglesworth blieb vollkommen unberührt. Er sagte: »Hebt sie hoch.« Also hoben sie sie hoch. Dann sagte er: »Lasst sie los.«

Die Frauen protestierten: »Wir werden sie nicht loslassen!«

Er brüllte: »Lasst sie los!«

Ein Mann im Publikum stand auf und rief: »Sie Grobian! Lassen Sie diese arme Frau in Ruhe!«

Wigglesworth antwortete: »Ich kümmere mich um meine Angelegenheiten. Kümmern Sie sich um Ihre.« Dann wandte er sich wieder den Frauen zu und brüllte so laut er konnte: »LASST SIE LOS!« Sie ließen sie los. Die Frau begann zu fallen, doch dann fing sie sich. Der Tumor fiel aus ihrem Kleid heraus auf die Bühne und sie ging vollkommen geheilt von dort weg.

Der Herr zeigte mir, dass Smith Wigglesworth nicht mehr Glauben hatte als ich (Röm 12,3). Er erzielte beim ersten Mal, als er dieser Frau diente, auch keine besseren Ergebnisse als ich, als ich diesen Mann aus dem Rollstuhl zog. Sie fiel genauso zu Boden wie er. Was war der Unterschied? Smith hatte nicht mehr Glauben, er hatte nur weniger *Unglauben*. Es kümmerte ihn nicht, was Menschen über ihn dachten.

In dem Buch stand, dass Smith tatsächlich oft dafür kritisiert worden war, barsch und hart zu sein. Weißt du, was das Wort *hart* im Hinblick auf unsere Gefühle bedeutet? Es bedeutet kalt, unsensibel, gefühllos oder gleichgültig zu sein, was die Meinung anderer betrifft. Der Unterschied zwischen Smith und mir bestand nicht darin, dass er mehr Glauben hatte. Er war nur weniger empfänglich für die Kritik anderer Menschen. Er war hart gegenüber dem, was andere dachten. Er achtete auf niemanden und nichts, sondern nur darauf, was Gott ihm aufgetragen hatte. Ich war noch zu abhängig von der Meinung anderer, von den natürlichen Dingen, dem, was man sehen, schmecken, hören, riechen und fühlen kann. Der Unterschied war also nicht, dass Smith mehr Glauben besaß; er bestand darin, dass er weniger Unglauben hatte.

Reduziere deinen Unglauben

Die meisten Menschen verstehen diese Wahrheit nicht. Wenn sie für jemanden um Heilung beten, aber nicht sofort erleben, dass die Heilung eintritt, denken sie oft: *Ich habe nicht genug Glauben.* Und dann versuchen sie, größeren und stärkeren Glauben zu bekommen. Sie sind der falschen Auffassung, dass sie riesigen Glauben bräuchten. Doch das verstößt gegen die Lehre Jesu, der in Matthäus 17,20 sagt: »Wenn dein Glaube die Größe eines kleinen Senfkorns hat, reicht das aus, um einen Berg ins Meer zu stürzen.« Mit anderen Worten sagte er seinen Jüngern: »Ihr braucht keinen großen Glauben. Was ihr aber braucht, ist ein reiner Glaube, dem nichts widerspricht oder entgegenwirkt, und den nichts zunichtemacht. Ihr braucht einen Glauben, den nichts in die entgegengesetzte Richtung zieht.« Die meisten Menschen kümmern sich nicht um den Unglauben in ihrem Leben. Stattdessen versuchen sie, ihren Glauben zu vergrößern.

Unglaube kommt auf eine sehr ähnliche Weise wie Glaube.

Demnach kommt der Glaube aus der Verkündigung, die Verkündigung aber durch Gottes Wort. — Römer 10,17

Mit anderen Worten: Glaube kommt, wenn wir unsere Aufmerksamkeit auf Gott und sein Wort richten. Unglaube kommt auf ähnliche Weise, doch aus der entgegengesetzten Richtung. Unglaube kommt, wenn wir unsere Aufmerksamkeit darauf richten, was Menschen zu sagen haben. Er kommt, wenn wir uns all die negativen Dinge anhören, die der Arzt zu sagen hat. Wenn wir all dieses Negative in Betracht ziehen, darüber nachdenken und grübeln, macht es unseren Glauben unwirksam. Also liegt der Schlüssel zum siegreichen Leben als Christ nicht darin zu lernen, wie man riesigen Glauben entwickelt, sondern zu lernen, wie wir die Menge von Unglauben in unserem Leben reduzieren. Nur sehr wenige Christen verstehen das.

Die meisten Christen nehmen sich vielleicht eine Stunde am Tag Zeit, im Wort zu lesen, um ihren Glauben aufzubauen. Doch im Verlauf des Tages spülen sie ihn wieder weg, indem sie zwei oder drei Stunden vor dem Fernseher sitzen und sich eine Serie nach der anderen anschauen. Oder sie lesen all die schlechten Nachrichten in der Zeitung. Sie lassen es zu, dass dieses ganze Schmutzwasser der Welt durch sie hindurchfließt – Gedankengänge, Haltungen und Vorstellungen, die vollkommen im Gegensatz zu Gottes Wort stehen –, und dann wundern sie sich, warum ihr Glaube nicht funktioniert.

Du brauchst keinen riesigen Glauben. Du brauchst einfach nur reinen Glauben, der durch nichts anderes aufgehoben wird.

Wie kam Smith Wigglesworth an den Punkt, wo sein Glaube nicht durch Unglauben verdorben war? Er widersetzte sich dem Unglauben, indem er sich weigerte, seinen Fokus auf irgendetwas anderes als auf Gottes Wort zu richten.

Eines Tages klopfte Lester Sumrall, ein bekannter Evangelist und Autor des zwanzigsten Jahrhunderts, an die Tür von Smith Wigglesworth. Er fragte, ob er auf einen Besuch hineinkommen dürfte. Smith bat ihn hinein, verlangte aber, dass die Zeitung, die

Lester unter seinem Arm trug, draußen blieb. Smith las niemals Zeitung und ließ nicht zu, dass eine in sein Haus gelangte.

Manche Menschen sagen: »Das ist aber ganz schön engstirnig.« Nun, das stimmt. Ich denke auch, dass einige gute Sachen in der Zeitung stehen. Über die Jahre habe ich einige Zeitungsartikel für meine Predigten gebrauchen können. Ich glaube, dass Smith in seinem 35-jährigen Dienst möglicherweise ein Dutzend guter Beiträge entgangen ist, die er auch für seine Predigten hätte nutzen können. Doch mit Sicherheit sind ihm Tausende von schlechten Nachrichten erspart geblieben, die eine Tür für Unglauben geöffnet hätten.

Was Abraham nicht in Betracht gezogen hat

Schau dir an, wie Abraham Gott glaubte.

> *Er hat da, wo nichts zu hoffen war, auf Hoffnung hin geglaubt, dass er ein Vater vieler Völker werde, gemäß der Zusage: »So soll dein Same sein!« Und er wurde nicht schwach im Glauben und zog nicht seinen Leib in Betracht, der schon erstorben war, weil er fast hundertjährig war; auch nicht den erstorbenen Mutterleib der Sara. Er zweifelte nicht an der Verheißung Gottes durch Unglauben, sondern wurde stark durch den Glauben, indem er Gott die Ehre gab und völlig überzeugt war, dass Er das, was Er verheißen hat, auch zu tun vermag. — Römer 4,18–21*

Dieser Abschnitt der Bibel zeigt uns, dass Abraham nicht schwach im Glauben wurde, weil er seinen Leib *nicht in Betracht zog*, der schon erstorben war. Er hatte keinen riesig großen

Glauben, doch er hatte einen Glauben, der nicht durch Unglauben zunichtegemacht und aufgehoben wurde. Abraham zog ganz einfach nichts in Betracht, was den Worten Gottes widersprach.

Auch Hebräer 11 spricht über Abraham, wo es heißt:

> *Und hätten sie dabei jenes im Sinn gehabt, von dem sie ausgegangen waren, so hätten sie ja Gelegenheit gehabt, zurückzukehren. — Hebräer 11,15*

Wenn Abrahams und Saras Kopf voll mit Gedanken an das Land gewesen wären, das sie im Gehorsam Gott gegenüber verlassen hatten, wären sie versucht gewesen, dorthin zurückzukehren. Mit anderen Worten: Deine Versuchung steht in direktem Zusammenhang mit dem, was du denkst.

Wenn du das verstehst und befolgst, wird es dein Leben verändern. Du kannst durch nichts versucht werden, woran du nicht denkst. Du musst an etwas denken, bevor du dadurch versucht werden kannst. Daher kannst du auch nicht mit Unglauben versucht werden, wenn du keine entsprechenden »ungläubigen« Gedanken hast. Wir müssen aufhören, auf alle möglichen Leute zu hören und uns mit ihrem Unglauben zu beschäftigen. Wir müssen aufhören, Negativität, Zynismus, antigöttliche und antichristliche Strömungen in dieser Welt überhaupt nur in Betracht zu ziehen. Wenn wir auf solche Gedanken gar nicht erst hören würden, kämen wir auch nicht in Versuchung, Gott nicht zu glauben.

In den vielen Jahren des Dienstes habe ich im Hinblick auf den beruflichen Hintergrund festgestellt, dass Ärzte, Krankenschwestern und Leute mit einer medizinischen Ausbildung am schwersten zu heilen sind. Ich persönlich glaube, dass der Grund dafür folgender ist: Sie wurden auf eine bestimmte Art und Weise gelehrt. Das heißt nicht, dass alles schlecht ist, was man bei einer medizinischen Ausbildung lernt. Doch der Punkt ist, dass es ihnen als Fakten präsentiert und eingehämmert worden ist.

In der Ausbildung heißt es zum Beispiel: »Folgendes passiert, wenn jemand einen Tumor hat; und wenn er ein bestimmtes Stadium erreicht, stirbt der Mensch.« Aber es wird nie hinzugefügt: »Falls die Person nicht von Gott geheilt wird.« Medizinische Fakten werden niemals in einem geistlichen Zusammenhang vermittelt, um zu zeigen, dass Gott in der Lage ist, alles zu überwinden. Und so bekommen Medizinstudenten immer nur die natürlichen Fakten vermittelt: *Wenn ein Tumor ein bestimmtes Stadium erreicht hat, stirbt der Mensch. Er hat noch soundso viele Wochen zu leben, und das war's dann. Die Krankheit ist unheilbar.* Und wenn sie dann mit der Ausbildung fertig sind, hat sich ihnen diese Denkweise tief eingeprägt.

Zu mir sind einige Menschen mit medizinischen Berufen gekommen, und sie haben versucht, ihre Heilung zu empfangen. Sie konnten einfach nicht verstehen, warum das für sie so schwierig ist. Der Grund ist, dass ihnen so viel Unglaube beigebracht worden ist, der ihren senfkorngroßen Glauben zunichtemacht.

KAPITEL 14

Reiner, starker Glaube

In Matthäus 17,20 sagte Jesus zu seinen Jüngern: »Ihr habt kein Problem zu glauben, ihr habt ein Problem mit Unglauben.« In einer Parallelstelle in Markus 9 heißt es:

> *Und sie brachten ihn zu ihm. Und sobald der Geist ihn sah, zerrte er ihn, und er fiel auf die Erde, wälzte sich und schäumte. — Markus 9,20*

Ich persönlich glaube, dass das ihren Unglauben verursacht hat. Wenn du schon einmal einen epileptischen Anfall miterlebt hast, dann weißt du, was für eine beängstigende Erfahrung das sein kann, besonders, wenn die Person anfängt, sich auf die Zunge zu beißen oder ihre Zunge zu verschlucken. Es ist schrecklich. Ich will nicht kaltherzig oder grausam erscheinen, aber ich habe das schon miterlebt. Es lässt dir die Nackenhaare zu Berge stehen.

Diese Jünger hatten Glauben. Sie hatten schon erlebt, wie Dämonen ausfuhren oder Menschen geheilt wurden. Doch diesmal, als sie für diesen Jungen beteten, gab es äußerliche Manifestationen der Dämonen. Das Gleiche geschah bei Jesus, als er diesem Jungen diente. Der Unterschied war, dass Jesus keinerlei Unglauben hatte, der seinem Glauben entgegenstand, deswegen konnte er die Heilung bewirken. Die Jünger jedoch hatten mit Unglauben reagiert, was ihren Glauben zunichtemachte. Deswegen fragten sie den Herrn: »Warum konnten wir ihn nicht austreiben? Wir wissen, dass wir Glauben haben. Es hat doch vorher schon geklappt, warum also diesmal nicht?« Er sagte ihnen: »Wegen eures Unglaubens. Euer Unglaube steht gegen euren Glauben und hat ihn unwirksam gemacht.«

In Matthäus 17,21 fährt Jesus fort, indem er sagt:

Aber diese Art [von Unglauben] fährt nicht aus
außer durch Gebet und Fasten.

Im Gegensatz zu weitverbreiteten Lehren und einigen fehlerhaften Bibelübersetzungen ist der Bezugsgegenstand dieses Satzes der Unglaube, der in Vers 20 erwähnt wird – nicht der Dämon in Vers 19. Manche Leute lehren, dass bestimmte Dämonen stärker als andere sind, und dass man deswegen fasten und beten muss, um sie austreiben zu können. Dazu gibt es alle möglichen Variationen, doch das sagt Matthäus 17,21 nicht aus. Wenn du genau hinschaust, wirst du sehen, dass das Subjekt des vorhergehenden Satzes (V. 20) *Unglaube* war und nicht *Dämonen.* Unglaube hielt die Jünger davon ab, den Dämon auszutreiben und die Heilung des Jungen zu erleben. Und weil der Herr sagt: »Aber *diese Art* fährt nicht aus (geht nicht weg) außer durch Gebet und Fasten«, gibt es offensichtlich unterschiedliche Arten von Unglauben.

Lass mich schnell erwähnen, dass eine der Übersetzungen, die in Vers 20 *Unglaube* mit *Kleinglaube* ersetzt, Vers 21 vollkommen auslässt. Ich bin nicht schnell dabei, Übersetzungen zu kritisieren. Doch ich kann keine Übersetzung für gut befinden, die Verse auslässt. Du brauchst eine gute Bibelübersetzung. Überprüfe deine Bibel mal, ob Matthäus 17,21 und Markus 16,17–20 vorhanden sind.

Drei Arten von Unglauben

Dies ist zwar meine eigene Auslegung (ich nenne das *Andyologie)*, doch ausgehend von meinem Studium der Bibel und meiner Erfahrung im Dienst scheint es mir drei Arten von Unglauben zu geben.

Zunächst einmal Unglaube, der aus *Unwissenheit* resultiert. Manchmal lehnen Menschen das, was Gott sagt, nicht aus einem bestimmten Grund ab, sondern nur aus Unwissenheit. Sie wissen es einfach nicht besser. Sie wissen nicht, dass Gott unsere Heilung will. Sie haben diese Wahrheit nie zuvor gehört. Es ist Unwissenheit, doch nichtsdestotrotz ist es Unglaube.

Diese erste Art von Unglauben – die Unwissenheit – überwindet man, indem man den Menschen die Wahrheit sagt. Zeige ihnen die Wahrheit aus Gottes Wort. Wenn sie sein Wort respektieren und seinem Geist gegenüber offen sind, werden sie das Wissen empfangen, das sie benötigen, um diesen Unglauben zu überwinden.

Die zweite Art von Unglauben kommt von *falscher Lehre.* Viele Menschen heutzutage wurden falsch gelehrt. Ihnen wurde gesagt: »Gott tut heute keine Wunder mehr. Heute gibt es für uns keine Heilung mehr. Diese Dinge gab es nur zur Zeit der Apostel.« Das ist nicht wahr. Das lehrt das Wort Gottes nicht. Dennoch hat man es ihnen so beigebracht.

Dieser Unglaube, der aus falscher Lehre kommt, ist schwerer zu überwinden als Unwissenheit. Das liegt daran, dass man zuerst der falschen Lehre entgegentreten und dann die Wahrheit lehren muss. Das Gegenmittel ist genau das gleiche wie für die erste Art von Unglauben. Es braucht nur einen weiteren Schritt, um es zu verabreichen – man muss sich mit der betreffenden Person zusammensetzen und ihren Einwänden begegnen. Die Lösung, diese ersten zwei Arten von Unglauben zu überwinden, besteht darin, die Wahrheit aus Gottes Wort zu empfangen.

Dann gibt es eine dritte Art von Unglauben, die ich *natürlichen Unglauben* nenne. Es ist Unglaube, der aus natürlichen Informationen kommt, die im Gegensatz zu Gottes Wort stehen. Wenn du für jemanden um Heilung betest und derjenige tot umfällt, dann werden dir deine Augen, Ohren und alle Sinne sagen: »Es hat nicht funktioniert.« Das kommt nicht unbedingt von Unwissenheit oder falscher Lehre. Du hast einfach nur gelernt, dem zu vertrauen, was du sehen, schmecken, hören, riechen und fühlen kannst. Wenn du betest, dass dein Körper keine Schmerzen mehr hat, aber du immer noch den Schmerz fühlen kannst, wird dein Körper dir Gedanken von natürlichem Unglauben geben. Das ist nicht dämonisch oder böse. Deine fünf Sinne sind nicht vom Teufel. Sie spielen in unserem täglichen Leben eine wichtige Rolle und erfüllen wichtige Funktionen.

Entwickle deinen sechsten Sinn

Wenn du mich in deinem Auto mitnimmst, würde ich nicht wollen, dass du *im Glauben* fährst. Es wäre mir lieber, wenn du deine Augen aufmachst und schaust, ob ein anderes Auto kommt, bevor du die Kreuzung überquerst. Das ist nicht falsch oder ein Ausdruck von Unglauben. Doch wenn du weißt, dass Gott dir etwas durch sein Wort und/oder seinen Geist gesagt hat, und dir deine natürlichen Sinne sagen: »Das wird nicht funktionieren«, dann musst du in der Lage sein, über diese fünf Sinne hinauszugehen. Wenn Gott möchte, dass du etwas tust, das dem widerspricht, was du sehen, schmecken, hören, riechen und fühlen kannst, dann können deine fünf natürlichen Sinne Gedanken des Unglaubens auslösen, die deinen Glauben zunichtemachen.

Genau das ist den Jüngern in Matthäus 17 passiert. Sie sahen eine körperliche Manifestation dieses Dämons, die im Gegensatz zu dem stand, wofür sie beteten und glaubten. Das verängstigte sie. Ihre fünf Sinne schürten in ihnen Gedanken des Unglaubens, die ihrem Glauben entgegentraten.

Es war ein Wunder, als ich das erste Mal erlebte, wie ein Mensch von den Toten aufersteht. Als ich den Raum betrat, wusste ich nicht, was dem Mann fehlte. Erst als ich direkt vor ihm stand, bemerkte ich, dass er tot war. Ich hörte seine Frau weinend sagen: »O Gott. Bring Everett von den Toten zurück.« Als sie das sagte, kam mir zum ersten Mal der Gedanke, dass der Mann tot war. Als ich ihr Gebet hörte, schaute ich den Mann nur an und befahl: »Everett, im Namen Jesus, komm in deinen Körper zurück!« Er setzte sich sofort auf. So einfach war das.

Es wäre viel schwieriger gewesen, wenn ich erst einmal eine halbe Stunde lang darüber nachgedacht hätte, dass er tot war. Wenn mir jemand vorher gesagt hätte, wofür ich dort beten sollte, wären in meinem Verstand reichlich Gedanken des Unglaubens aufgestiegen, um meinen Glauben aufzuheben und zunichtezumachen. Ich persönlich glaube, dass die Tatsache, dass ich keine Zeit zum Nachdenken hatte, ein Grund dafür war, warum ich diesen Mann von den Toten auferstehen sah.

Die Jünger hatten bereits erlebt, wie Dämonen ausgetrieben und Menschen geheilt wurden. Doch offensichtlich hatten sie zuvor noch keine solche körperliche Manifestation erlebt. Deswegen waren sie bisher nicht von solchem Unglauben versucht worden. Doch in diesem Fall gab es eine körperliche Manifestation, die im Gegensatz zu ihrem Gebet stand, und das verursachte bei ihnen Gedanken des Unglaubens. Weil Jesus das wusste, sagte er ihnen: »Ihr könnt diese Art von natürlichem Unglauben nur auf eine Weise loswerden – durch Fasten und Gebet. Es ist nicht nur damit getan, mehr in der Bibel zu lesen, du musst in die Gegenwart Gottes kommen und dich in einem solchen Maß erneuern lassen, dass du deinen sechsten Sinn entwickelst, und das ist der Glaube.«

Fasten und Gebet

Das ist wichtig. Du hast fünf Sinne – du kannst sehen, schmecken, hören, riechen und fühlen. Wenn nun einer dieser Sinne beschädigt würde, indem du zum Beispiel erblindest, könntest du noch immer zurechtkommen. Du müsstest dich nur stärker auf deine verbleibenden Sinne verlassen, wie das Hören und Fühlen. Du müsstest darauf hören, was um dich herum geschieht, und einen Blindenstock benutzen, um zu tasten und die Veränderungen des Bodens zu fühlen, während du läufst. Du könntest immer noch zurechtkommen und an verschiedene Orte gehen, doch du müsstest dich mehr auf deine anderen Sinne verlassen.

Manche Blinde kennen ihre Wohnung in- und auswendig und wissen, wo alles steht. Es macht ihnen nichts aus, im Dunklen zu laufen, weil sie ihre Augen ohnehin nicht gebrauchen. Sie gebrauchen in erster Linie ihr Gehör und ihren Tastsinn. Man kann also den Verlust eines Sinnes kompensieren, indem man sich mehr auf die anderen verlässt.

Was geschieht, wenn Gott dir durch sein Wort offenbart, dass er dich heilen will, aber deine fünf Sinne sagen dir: »Es funktioniert nicht. Ich fühle den Schmerz noch immer. Ich sehe krank aus. Ich habe immer noch dieses oder jenes. An dem Geschmack in meinem Mund merke ich, dass ich noch krank bin«? Wenn dir all deine fünf Sinne sagen, dass es nicht funktioniert, dann musst du einen sechsten Sinn entwickeln, der dir sagt, dass es funktioniert. Dieser sechste Sinn ist *Glaube.*

Du kannst an einen Punkt kommen, wo du schließlich glaubst, dass du Glauben hast, und dieser Glaube wird für dich so real wie das, was du sehen, schmecken, hören, riechen und fühlen kannst. Das geschieht, indem du Zeit im geistlichen Bereich verbringst. Darum geht es beim Fasten und Beten.

Fasten verändert Gott nicht. Es bringt ihn nicht zum Handeln. Fasten und Beten vertreibt keine Dämonen. Du wirst auf keinen Dämon treffen, der nur dann ausfährt, wenn du dem, was Jesus schon getan hat, noch Fasten und Beten hinzufügst. Wenn du einem Dämon begegnest, der nicht auf den Namen Jesus und den Glauben an Jesu Namen reagiert, dann werden dein Fasten und Gebet ihn auch nicht austreiben. Indem du das Wort Gottes und den Namen Jesus im Glauben sprichst, kannst du mit jedem Dämon fertigwerden. Also, dein Fasten und Beten bewegt Gott nicht. Und auch den Teufel bewegt es nicht. Fasten und Beten bewegt *dich*. Es hat Auswirkungen auf *dich*.

Dein Appetit ist eines der stärksten Verlangen, das dein Fleisch hat. Wenn du durch Fasten dein Fleisch verleugnest, wird es protestieren und rebellieren, denn es will zu essen bekommen. Dein Fleisch will verhätschelt und umsorgt werden. Wenn du deinem Fleisch sagst: »Nein! Der Mensch lebt nicht vom Brot allein, sondern von einem jeden Wort, das aus dem Mund Gottes hervorgeht« (Mt 4,4; Lk 4,4), kann ich dir garantieren, dass es rebellieren wird. Obwohl du schon gegen Mittag des ersten Fastentags glauben wirst, dass du stirbst, ist das nicht wahr. Wenn du durchhältst, werden mit der Zeit dein Körper und deine Sinne zu lernen beginnen. Sie werden sagen: »Hey, ich bin ohne Mittagessen nicht gestorben!« Tatsächlich wirst du nach drei Tagen Fasten an den Punkt kommen, wo du nicht mehr hungrig bist.

Vielleicht hast du das noch nicht erlebt, aber es ist wahr. Du kannst buchstäblich deine fünf Sinne unter Kontrolle bekommen und wirst feststellen: »Stimmt, ich verhungere nicht. Sieht so aus, als ob dieser Glaubenskram echt ist.« Du kannst wirklich deine Kraft von Gott bekommen und nicht nur durch Nahrung. Das kannst du deinem Fleisch beibringen.

Wenn du dann deinem Körper sagst: »Du bist geheilt in Jesu Namen«, mag dein Fleisch vielleicht antworten: »Ich habe immer noch Schmerzen.« Aber dieser sechste Sinn sagt: »Ich bin geheilt und ich glaube es. Ich habe das schon mal erlebt.« Wenn du jedoch keine Zeit mit Fasten und Beten und in der Gegenwart Gottes verbracht hast, wird dein Körper dir sagen: »Nein, ich habe noch immer Schmerzen.« Dann sagst du: »Körper, du hast zu gehorchen.« Doch dein Fleisch wird dir antworten: »Wer bist du schon, dass du mir etwas zu sagen hast? Ich sage dir, wann, was und wie viel du essen sollst!« Er wird rebellieren wie ein verzogenes Gör. Doch du kannst deine Sinne trainieren, zwischen Gut (Gott und seinem Wort) und Böse (das, was ihm widerspricht) zu unterscheiden.

> *Die feste Speise aber ist für die Gereiften, deren Sinne durch Übung geschult sind zur Unterscheidung des Guten und des Bösen. — Hebräer 5,14*

Du kannst an den gleichen Punkt kommen wie Smith Wigglesworth, wo du mehr auf das hörst, was der Glaube sagt, als auf das, was dir natürliche Dinge zu sagen haben – dein Verstand, deine Gefühle, Sinne und Umstände. Wenn du das tust, nimmt dein Unglaube ab.

Das Maß des Glaubens

Nach Römer 4 ist es biblisch genauer, wenn man sagt, dass man je nach Grad des Unglaubens entweder einen schwachen oder einen starken Glauben hat.

> *Und er wurde nicht schwach im Glauben und zog nicht seinen Leib in Betracht, der schon erstorben war, weil er fast hundertjährig war; auch nicht den erstorbenen Mutterleib der Sara. Er zweifelte nicht an der Verheißung Gottes durch Unglauben, sondern wurde stark durch den Glauben, indem er Gott die Ehre gab und völlig überzeugt war, dass Er das, was Er verheißen hat, auch zu tun vermag. — Römer 4,19–21*

Dein Tun zeigt, wie viel Unglaube mit deinem Glauben vermischt ist. Wenn du viel Unglauben hast, bist du schwach im Glauben. Wenn du wenig Unglauben hast, bist du stark im Glauben. Das ist eine angemessene Beschreibung. *Kleiner* und *großer* Glaube trifft es dagegen eher nicht, denn die Wahrheit ist, dass jedem von uns der Glaube des Sohnes Gottes gegeben wurde.

> *... wie Gott jedem Einzelnen das Maß des Glaubens zugeteilt hat. — Römer 12,3*

> *[Doch] weil wir erkannt haben, dass der Mensch nicht aus Werken des Gesetzes gerechtfertigt wird, sondern durch den Glauben an Jesus Christus, so sind auch wir an Christus Jesus gläubig geworden, damit wir aus dem Glauben an Christus gerechtfertigt würden und nicht aus Werken des Gesetzes, weil aus Werken des Gesetzes kein Fleisch gerechtfertigt wird. ... Ich bin mit Christus gekreuzigt; und*

nun lebe ich, aber nicht mehr ich [selbst], sondern Christus lebt in mir. Was ich aber jetzt im Fleisch lebe, das lebe ich im Glauben an den Sohn Gottes [oder: des Sohnes Gottes], der mich geliebt und sich selbst für mich hingegeben hat.
— Galater 2,16.20

Für vertiefendes Studium dieser wichtigen grundlegenden Wahrheit empfehle ich dir meine Lehre mit dem Titel *The Faith of God.* Sie ist sowohl als einzelne Botschaft erhältlich als auch als Teil meines Buches *Geist, Seele & Körper.*

Jeder wiedergeborene Christ hat ganz genau die gleiche Menge und Qualität von Glauben wie Jesus. Du hast kein Glaubensproblem. Was du hast, ist ein Problem mit Unglauben. Statt zu versuchen, den Glauben immer mehr aufzubauen, müssen wir aufhören, den Unglauben zu füttern. Wir müssen das ausschalten, was Unglauben in unserem Leben hervorruft, und den vorhandenen Unglauben aushungern. Wir müssen dahin kommen, so viel Zeit in der geistlichen Welt zu verbringen und an Gott und die Wahrheiten aus seinem Wort zu denken, dass wir nicht einmal mehr diese Gedanken von Unglauben haben.

Lass uns sein wie Abraham, der die Tatsache nicht einmal in Betracht zog, dass er hundert Jahre alt war und seine Frau neunzig. Er dachte nur an das Versprechen Gottes, das darin bestand, dass sie ein Kind haben würden. In Römer 4,19 heißt es, dass Abraham weder seinen eigenen erstorbenen Leib in Betracht zog noch den erstorbenen Mutterleib von Sara. Das befähigte ihn, angesichts der Verheißung Gottes nicht in Unglauben zu verfallen.

Der Schlüssel zum Sieg

Wenn es um den Heilungsdienst geht, ist es normalerweise nicht so, dass die Menschen keinen Glauben haben. Manche haben keinen, doch die meisten schon. Dennoch haben sie außerdem auch Unglauben. Deswegen ist ihr Glaube schwach. Er ist durch Unglauben aufgewogen und zunichtegemacht worden. Der Grund ist, dass sie keine Zeit in der Gegenwart Gottes verbracht haben. Sie sind so sehr an die Welt gewöhnt und sie denken Gedanken des Unglaubens. Sie denken: »Es gibt eine Grippewelle, wir werden alle Grippe bekommen.« Oder: »Mein Vater ist an der gleichen Sache gestorben, mit der ich jetzt zu kämpfen habe.« Sie ziehen alle diese natürlichen Dinge in Betracht und grübeln darüber nach, und dadurch macht ihr Unglaube ihren Glauben zunichte.

Deshalb besteht der Schlüssel zum Sieg im Leben als Christ nicht unbedingt darin, riesigen Glauben zu haben, sondern einen einfachen, reinen, kindlichen Glauben – Glaube so groß wie ein Senfkorn –, ohne dass er durch Unglaube unwirksam gemacht wird. Du musst den Unglauben abschütteln, der dich in die falsche Richtung zieht, und dich von deinem senfkorngroßen Glauben zum Sieg ziehen lassen.

Manche Leute denken: *Dies ist der einzige Grund, warum Menschen nicht geheilt werden – weil sie keinen Glauben haben.* Das verärgert andere, die sagen: »Das kann nicht sein, dieser Mensch liebt Gott. Er ist ein großer Glaubensheld.« Kurz und gut: Sie verwerfen deine Kritik, indem sie sagen: »Es muss daran liegen, dass es nicht Gottes Wille ist, diese Person zu heilen.« Doch du weißt nun, dass dahinter noch mehr steckt. Du kannst Glauben haben, Gott lieben und ein großartiger Mensch sein und doch Unglauben haben, der dich in die andere Richtung zieht.

Hungere deinen Unglauben aus. Komm an den Punkt, wo deine Gedanken so einseitig mit dem Herrn und seinem Wort beschäftigt sind, dass dein kleiner senfkorngroßer Glaube ausreicht, um alles zu vollbringen, was du brauchst. Wie ein Blutegel oder ein Pilz muss Unglaube gefüttert und genährt werden. Ziehe dich für eine Woche zurück. Faste, bete und richte deine Aufmerksamkeit auf den Herrn. Das kann deinem Unglauben großen Schaden zufügen. Gott gibt dir deswegen nicht mehr Kraft. Es lässt einfach den Glauben, den du hast, sehr viel besser funktionieren, denn du verringerst den Unglauben, der in die entgegengesetzte Richtung zieht. Das sind gute Nachrichten!

Wenn du erst einmal die Wahrheit glaubst, dass deine Heilung Gottes Wille ist, musst du nur noch den Unglauben aushungern, bis dein Glaube beginnt, die Resultate hervorzubringen, die du brauchst.

KAPITEL 15

Auch das Reich Gottes unterliegt Gesetzen

Wir haben also gelernt, dass Heilung ein Teil des Erlösungswerks Christi ist, was bedeutet, dass sie nicht optional ist. Sie wurde bereits zur Verfügung gestellt. Der Herr enthält uns Heilung genauso wenig vor wie die Vergebung der Sünden. Durch das eine Erlösungswerk unseres Herrn Jesus Christus wurden unsere Sünden vergeben und unsere Körper geheilt.

Wir benötigen diese Grundhaltung, dass unsere Heilung bereits vollbracht ist. Wenn wir ebenso dafür kämpfen würden wie wir darum kämpfen, der Sünde zu widerstehen, würden wir eine wesentlich größere Anzahl von Menschen sehen, die Heilung empfangen. Doch wenn es um Heilung geht, sind viele Leute passiv. Sie sprechen ein Gebet wie: »Herr, heile mich, wenn es dein Wille ist.« Das ist absolut falsch, denn das Wort sagt:

> *Mein Lieber, ich wünsche dir in allen Dingen Wohlergehen und Gesundheit, so wie es deiner Seele wohlgeht! — 3. Johannes 2*

Das Wort »wünsche« hier bedeutet, dass es sein Wille ist. Gottes Wille für uns ist, dass es uns gut geht. Sobald wir seinen Willen in seinem Wort so deutlich wie hier offenbart sehen, haben wir nicht länger einen Grund zu beten: »Wenn es dein Wille ist …« Es geht darum, dass wir uns die Heilung zu eigen machen, indem wir sie im Glauben annehmen, ergreifen und empfangen. Es geht darum, fest im Glauben zu stehen bis zur vollkommenen Manifestation. Wir müssen aggressiv sein und darum kämpfen, das zu empfangen, was Gott bereits gegeben hat. Wir dürfen nicht der Welt, dem Fleisch oder dem Teufel erlauben, uns das streitig zu machen, was Jesus bereits gegeben hat.

Leben und Frieden

Krankheit ist niemals ein Segen. Gottes Wort ist da sehr klar. Wir haben bereits gesehen, dass in 5. Mose 28,1–14 eine Liste dessen aufgeführt ist, was Gott als einen Segen betrachtet, und dass die Verse 16–68 zeigen, was er für einen Fluch hält. Krankheit und Leiden sind immer ein Fluch. Wenn die Religion lehrt, dass Krankheit eigentlich ein Segen von Gott sei, ist das eine Verdrehung seines Wortes.

Ja, im Alten Testament hat der Herr Menschen mit Krankheit geschlagen. Doch es gibt einen gewaltigen Unterschied zwischen dem alten und dem neuen Bund. Im neuen Bund bestraft Gott Menschen nicht mehr in dieser Weise. Doch bedenke, dass selbst unter dem Gesetz Krankheit immer ein Fluch war, niemals ein Segen. Und Christus hat uns erlöst vom Fluch des Gesetzes (Gal 3,12–13), was die gesamte Liste von Flüchen aus 5. Mose 28,16–68 beinhaltet.

Der häufigste Grund, warum Menschen nicht geheilt werden, ist Unglaube in der einen oder anderen Form. Unglaube ist eine aufhebende, dem Glauben entgegenwirkende Kraft. Die meisten Menschen versuchen, ihren Glauben aufzubauen und zu mehren, doch sie kümmern sich nicht im Geringsten darum, wie viel Unglaube bei ihnen noch vorhanden ist. Sie verstehen ganz einfach nicht, dass Glaube und Unglaube zwei entgegengesetzte Kräfte sind. Jesus sagt in Matthäus 17, Vers 20, dass wir nichts weiter als senfkorngroßen Glauben benötigen, um irgendetwas zu bewirken, ja, sogar um einen Berg ins Meer zu stürzen.

Wir haben kein Glaubensproblem. Was wir allerdings wirklich haben, ist ein Problem mit Unglauben. Wir selbst setzen uns allen möglichen Gedanken, Herzenshaltungen und Gefühlen aus, die gegen unseren Glauben streiten. Um starken Glauben zu haben, müssen wir das Maß unseres Unglaubens reduzieren, indem wir unseren Fokus von der Welt und allem abwenden, was Gottes Wort widerspricht – insbesondere im Bereich von Heilung. Wir dürfen uns nicht länger die ganzen Negativbotschaften anhören und müssen uns auf das Wort Gottes konzentrieren. Wenn all unsere Gedanken geistlich gesinnt sind, werden wir nur Leben und Frieden ernten (Röm 8,6).

Fortwährend und überall

Das Reich Gottes – das schließt den Bereich des Glaubens mit ein – funktioniert nach Gesetzmäßigkeiten. Um in gottgegebener Gesundheit zu leben, ist es unerlässlich, diese Wahrheit zu verstehen.

In meinem Buch *Du hast schon alles, was du brauchst!* gehe ich tiefer auf diese Wahrheit ein und darauf, wie man sie auf den Bereich Heilung anwendet.

Ein Gesetz gilt fortwährend und überall. Es ist immer gleich und verändert sich niemals, wo auch immer du dich befindest. Was diesen Kriterien nicht entspricht, ist kein Gesetz, sondern ein Phänomen. Nimm zum Beispiel die Schwerkraft. Schwerkraft ist ein Gesetz. Wir nennen es *das Gesetz der Schwerkraft.* Es gilt und funktioniert fortwährend und überall, ganz egal, wohin du gehst. Würde die Schwerkraft nur in Amerika wirken, während in Europa, Afrika oder Asien Schwerelosigkeit herrschte, wäre es ein

Phänomen und kein Gesetz. Würde die Schwerkraft nur ab und zu wirken, während ansonsten Schwerelosigkeit herrschte, wäre es ebenfalls ein Phänomen. Doch wenn etwas fortwährend und überall gilt, dann sprechen wir von einem Gesetz.

Gott hat diese Welt und die Gesetzmäßigkeiten, denen sie unterliegt, geschaffen. Zusätzlich zur Schwerkraft gibt es weitere Gesetze, wie die der Elektrizität und der Massenträgheit. Das Trägheitsgesetz sagt uns, dass ein Objekt, nachdem es in Bewegung gesetzt wurde, dazu tendiert, in Bewegung zu bleiben. Wenn ein Objekt also in Bewegung gekommen ist, benötigt man Zeit und Kraft, um das Gesetz der Trägheit zu überwinden. Aus diesem Grund haben wir am Auto Bremsen, um ein rollendes Fahrzeug wieder anhalten zu können. Der Bremsweg hängt von der Geschwindigkeit, der Größe und der Masse des Fahrzeugs ab. Das ist das Trägheitsgesetz. Es wirkt auch, wenn du stillstehst. Trägheit wirkt gegen dich und es erfordert eine Beschleunigung, um ein stehendes Auto in Bewegung zu setzen. Doch sobald es in Fahrt ist, kannst du dich rollen lassen. Dies sind nur ein paar Beispiele für die Wirkung der verschiedenen Gesetze.

Gott hat diese Gesetze erschaffen – sowohl die natürlichen wie auch die geistlichen – und er handelt ihnen nicht zuwider. Diese Wahrheit hat unmittelbar mit Heilung zu tun.

Zu unserem Besten gedacht

Ich spreche immer wieder mit Menschen, die einfach nicht verstehen, dass auch der geistliche Bereich Gesetzen unterliegt. Sie betrachten das Reich Gottes nicht als einen Raum, in dem Gesetze gelten. Sie glauben ernsthaft, dass der Herr einfach das tut, was er gerade will.

Viele Menschen klagen Gott dafür an, wenn jemand in ihrer Familie stirbt. Sie sagen: »Warum hat Gott diese Person nicht geheilt? Wenn er gewollt hätte, hätte er es doch tun können.« Sie verstehen nicht, dass sein Reich Gesetzen unterliegt.

In der natürlichen Welt wirkt das Gesetz der Schwerkraft auch dann, wenn jemand über die Dachkante eines hohen Gebäudes hinausläuft. Gott möchte nicht, dass dieser Mensch stirbt. Eigentlich hat er die Schwerkraft als eine positive Kraft in unserem Leben erschaffen. In diesem Moment sitze ich auf einem Stuhl. Ich muss mich nicht daran festschnallen oder krampfhaft festhalten. Weil die Schwerkraft wirkt, muss ich mich auch nicht am Boden festschrauben, um stehen zu bleiben. Doch das gleiche Gesetz, das zu unserem Besten gedacht ist, wird uns umbringen, wenn wir über die Dachkante eines zehnstöckigen Gebäudes hinausgehen. Gott hat die Schwerkraft nicht dafür erschaffen, uns zu verletzen. Er schuf sie, um unser Leben hier auf dem Planet Erde zu erleichtern. Die ganze Welt funktioniert danach, und das ist gut. Doch wenn jemand die von Gott erschaffenen Gesetze missachtet – indem er zum Beispiel über eine Dachkante hinausgeht –, wird uns die gleiche Kraft umbringen, die Gott für uns zum Besten gedacht hat.

Manche Leute argumentieren nun, dass Gott die Gesetze einfach außer Kraft setzen könnte, wenn er wollte. Doch Gott verändert die Gesetze nicht einfach. Das entspricht nicht seiner Natur. Als er diese Gesetze als Teil seiner Schöpfung machte, sagte er: »Es ist sehr gut« (1Mo 1,31). An der Schwerkraft ist nichts falsch. Das Problem ist nicht das Gesetz. Das Problem sind die Menschen, die diese Gesetze missachten. Wenn Gott das Gesetz der Schwerkraft aufheben würde, um ein Leben zu retten, was wäre dann mit den Millionen von Menschen, die wegen dieser Aufhebung ihr Leben verlieren würden? Die Menschen, die von der Schwerkraft abhängig sind, damit ihr Auto während der Fahrt auf der Straße bleibt, würden plötzlich unkontrolliert in andere Autos und Gebäude rasen. Millionen Menschen würden sterben, damit das Leben einer einzigen Person gerettet würde, die von einem Dach fällt. So funktioniert das nicht.

Gesetze gelten fortwährend. Sie sind keinen Schwankungen unterworfen. Gott verstößt nicht gegen Naturgesetze. Er verstößt auch nicht gegen geistliche Gesetze. Es gibt geistliche Gesetze und sie sind zu unserem Besten gedacht. Der Herr hat es so eingerichtet, dass Menschen nicht nur nach seiner Lust und Laune geheilt werden. Auch Glaube und Heilung unterliegen Gesetzen. Es gibt Gründe, warum Dinge so geschehen, wie sie geschehen. Wenn wir diese Gesetze nicht kennen oder gar nicht wissen, dass es solche Gesetze gibt, dann ist dies ein gewaltiges Hindernis, um Heilung zu empfangen. Die Unwissenheit über diese einzelnen Gesetze wird Menschen daran hindern, Heilung zu empfangen – selbst wenn sie verstehen, dass auch das Reich Gottes Gesetzen unterworfen ist.

Elektrizität

Elektrizität gibt es seit Gott die Erde erschaffen hat. Es gibt ein magnetisches Feld in der Erde und Elektrizität in der Luft. Du bekommst das besonders in einem kalten, trockenen Klima zu spüren, wenn du über einen Teppich läufst und eine Türklinke anfasst. Du wirst von der elektronischen Aufladung einen Schlag bekommen. Solche Sachen geschehen vom ersten Tag an, seit Gott die Erde erschaffen hat. Ich hörte jemanden sagen, dass in einem ganz normalen Gewitter ausreichend Energie steckt, um die Stadt New York ein ganzes Jahr lang mit Strom zu versorgen.

Gott hat sich nicht vor einigen Hundert Jahren dazu entschieden, dem Menschen Elektrizität zu geben. Nein, Elektrizität gab es von Anfang an. Die Unwissenheit über Elektrizität war es, die den Menschen davon abhielt, sie in der Weise zu gebrauchen, wie wir es heute tun. Gott hat sie der Menschheit nicht vorenthalten. Wenn der Mensch die Gesetze, denen die Elektrizität unterliegt, verstanden hätte und er gelernt hätte, wie man sie anwendet, dann hätten wir den Nutzen der Elektrizität bereits vor Tausenden von Jahren genießen können. Jesus und seine Jünger hätten die Klimaanlagen, Waschmaschinen und Geschirrspüler benutzen können, die wir heute haben. Das Potential hat es immer gegeben. Nur unsere Unwissenheit hat uns davon abgehalten, es zu nutzen.

Genauso gibt es Dinge, von deren Erfindung Menschen in unserer Zeit träumen. Viele dieser Ideen klingen für uns heute noch weit hergeholt, aber sie sind möglich. Gott hält uns nicht davon ab. Es ist unsere eigene Unkenntnis der Gesetze. Wir befinden uns noch immer in einem Entdeckungsprozess und viele drastische Veränderungen stehen noch aus.

Denke nur einmal an die gewaltigen Veränderungen in der Telekommunikation, die allein in den letzten paar Jahren stattgefunden haben. Heute hat fast jeder ein Mobiltelefon. Es gibt keinen Grund, weshalb die Menschen nicht schon vor 2000 Jahren Mobiltelefone hätten benutzen können. Sowohl das Material für die Herstellung als auch die Naturgesetze, die ihre Funktionsweise bestimmen, sind seit Anbeginn der Zeit auf der Erde vorhanden. Gott hat uns nicht abgehalten. Wir kannten bloß die Gesetze nicht. Die Möglichkeit war da, doch wir mussten erst verstehen, wie man sie nutzt.

Es herrscht eine natürliche Furcht vor Dingen, die wir nicht verstehen. Du magst verstehen, wie man einen Schalter bedient und das Licht anmacht, doch du verstehst vielleicht nicht all die

Gesetze, die den Gebrauch von Elektrizität bestimmen. Elektrizität kann töten und Menschen, die sich damit nicht auskennen, haben Angst davor.

Ich persönlich verstehe nicht alle Einzelheiten über Elektrizität. Wenn ich elektrische Arbeiten ausführe, gehe ich an den Sicherungskasten und schalte die Hauptsicherung ab. Nun, ich weiß, dass man das nicht machen muss. Doch als ich einmal nur eine Sicherung ausgeschaltet hatte, gab es einen angrenzenden Sicherungskreis, der mit dem verbunden war, an dem ich gerade arbeitete. Der Stromschlag warf mich glatt um!

Ein anderes Mal half ich jemandem, sein Badezimmer komplett zu renovieren. Ich war dabei, alle Steckdosen auszubauen und wollte die Hauptsicherung im Haus abschalten. Ein Mann kam und sagte: »Du brauchst die Sicherungen gar nicht ausschalten.« Dann arbeitete er an den Strom führenden Kabeln weiter. Wir hatten gerade das Waschbecken abgebaut und Wasser stand auf dem Boden. Er stand einfach dort im Wasser, arbeitete an den Kabeln und blieb völlig unversehrt. Manche mögen denken: *Das ist doch purer Leichtsinn!* Doch, man kann das machen, wenn man weiß, was man tut. Da ich nicht genug über die Funktionsweise der Elektrizität weiß, um so etwas zu tun, habe ich eine natürliche Furcht davor. Deshalb lasse ich die Finger von bestimmten Dingen, die jemand anderes, der sich mit den Gesetzmäßigkeiten besser auskennt, ganz selbstverständlich tut.

Das Gesetz des Glaubens

Genauso ist es in der geistlichen Welt. Es gibt Gründe dafür, warum manche Menschen in der Kraft Gottes leben und andere nicht. Grundsätzlich ist Gottes Wort die Bedienungsanleitung, die uns die Gesetzmäßigkeiten und die Wirkungsweise seines Reiches erklärt.

> *Wo bleibt nun das Rühmen? Es ist ausgeschlossen! Durch welches Gesetz? Das der Werke? Nein, sondern durch das Gesetz des Glaubens. — Römer 3,27*

Obwohl dieser Vers im Kontext betrachtet eigentlich von der Spannung zwischen Gnade und Glauben spricht, können wir im letzten Satz dennoch ein wichtiges Prinzip sehen. Beachte die Begrifflichkeit »das Gesetz des Glaubens«.

Glaube unterliegt Gesetzen. Wenn nun jemand Heilung braucht, geht es nicht nur darum, Gott zu bitten. Und wenn er will, dass derjenige geheilt wird, wird er geheilt. Nein, so funktioniert das nicht. Es gibt Gesetze, die bestimmen, wie Heilung funktioniert. Es ist in erster Linie unsere Unkenntnis der Gesetze Gottes und der Funktionsweise seines Reiches, die seine Kraft am Wirken hindert. Die meisten Menschen sehen einfach nicht, dass das Reich Gottes auf Gesetzen gegründet ist, und Gesetze gelten fortwährend. Gott verändert sich nicht. Genauso wenig missachtet er seine eigenen Gesetze, bloß weil Menschen das nicht verstehen.

Viele Menschen werden zornig auf Gott, wenn jemand stirbt oder eine Heilung nicht eintritt. Sie denken: *Wenn er gewollt hätte, hätte er mich heilen können.* Natürlich hat Gott die Kraft, doch diese Kraft fließt nicht unabhängig von seinen Gesetzen. Es gibt geistliche Gesetze, die darüber bestimmen, wie Glaube funktioniert und wie die Kraft Gottes fließt. Wenn wir das nicht wissen, hemmen wir die Kraft Gottes und müssen ohne sie auskommen. Das liegt jedoch nur an unserer Unkenntnis.

Manche Menschen sind beleidigt, wenn sie diese Wahrheiten das erste Mal hören. Sie sagen: »Du kritisierst mich!« Stimmt, doch nur in der Art und Weise, wie ich Leonardo da Vinci kritisieren würde. Zu seiner Zeit galt Da Vinci als ein Genie. Er hatte viele Dinge Hunderte von Jahren zuvor erfunden, bevor wir überhaupt in der Lage waren, sie herzustellen. Zum Beispiel haben Menschen moderne Technologien wie Elektromotoren und leichtes Baumaterial verwendet, über die Leonardo nicht verfügt hatte, um einen funktionierenden Hubschrauber nach seinen Vorlagen zu bauen. Obwohl er um 1400 gelebt hat, war dieser Mann seiner Zeit weit voraus.

Viele von Da Vincis Entwürfen und Plänen funktionierten damals nicht, weil er keinen Zugang zu dem hatte, was wir heute wissen und haben. Er verfügte noch nicht über Elektrizität. Ihm standen keine Elektromotoren und Ähnliches zur Verfügung. Dennoch war dieser Mann ein Genie. Wenn ich aufzeige, dass er die Gesetze von Elektrizität nicht kannte, sage ich damit nicht, dass er dumm war. Ich stelle nur fest, dass ihm in bestimmten Bereichen das Wissen fehlte. Er verstand einige der Dinge nicht, die wir heute verstehen und für selbstverständlich halten.

Noch immer am Wachsen

Wenn ich sage, dass viele Menschen keine Ahnung von den Gesetzen Gottes haben, soll das keine Kritik oder Überheblichkeit sein. Ich zeige einfach nur die Wahrheit auf, dass bei Gott viele Dinge für uns verfügbar sind, die wir aber nicht empfangen, weil wir die Gesetze seines Reiches nicht verstehen und befolgen.

Durch das Studium des Wortes habe ich einige dieser Gesetze entdeckt, die das Reich Gottes bestimmen. Doch ich bin davon überzeugt, dass es noch viel mehr gibt, was ich jetzt noch nicht verstehe. Das ist der Grund dafür, dass bei mir manches noch nicht so gut funktioniert, wie es sollte. Obwohl ich nicht alles weiß, könnte ich dir sicherlich mindestens hundert verschiedene Gesetze und Prinzipien nennen, die ich zum Thema Heilung entdeckt habe. Und doch gibt es andere Gesetze, die ich noch nicht verstehe. Das ist der Grund, warum ich noch nicht erlebe, dass jeder einzelne Mensch geheilt wird, doch habe ich bereits die Heilung von vielen Menschen erlebt. In dieser Sache bin ich noch immer am Wachsen und Lernen.

KAPITEL 16

Die geistliche Welt

Der Bericht über die blutflüssige Frau illustriert anschaulich einige dieser geistlichen Gesetze zum Thema Heilung. Er enthält zwar keine vollständige Liste, ist aber ein guter Einstieg.

> *Und da war eine gewisse Frau, die hatte seit zwölf Jahren den Blutfluss, und sie hatte viel erlitten von vielen Ärzten und all ihr Gut aufgewendet, ohne dass es ihr geholfen hätte – es war vielmehr noch schlimmer mit ihr geworden. Als sie nun von Jesus hörte, kam sie unter dem Volk von hinten heran und rührte sein Gewand an. Denn sie sagte sich: Wenn ich nur sein Gewand anrühre, so werde ich geheilt! Und sogleich vertrocknete der Quell ihres Blutes, und sie merkte es am Leib, dass sie von der Plage geheilt war. Jesus aber, der in sich selbst erkannt hatte, dass eine Kraft von ihm ausgegangen war, wandte sich sogleich inmitten der Menge um und sprach: Wer hat mein Gewand angerührt? Da sprachen seine Jünger zu ihm: Du siehst, wie das Volk dich drängt, und sprichst: Wer hat mich angerührt? Und er sah sich um nach der, die das getan hatte. Aber die Frau kam mit Furcht und Zittern, weil sie wusste, was an ihr geschehen war, und warf sich vor ihm nieder und sagte ihm die ganze Wahrheit. Er aber sprach zu ihr: Tochter, dein Glaube hat dich gerettet! Geh hin im Frieden und sei von deiner Plage gesund! — Markus 5,25–34*

Dieser Abschnitt zeigt uns, dass das Reich Gottes nach geistlichen Gesetzen funktioniert. Als diese Frau kam und Jesu Gewand anrührte, spürte er, wie Kraft von ihm ausging. Also fragte er: »Wer hat mein Gewand angerührt?« Sofort sagten seine Jünger: »Du siehst, wie das Volk sich drängt, um dich zu berühren.« Mit anderen Worten: Diese Menschenmenge stieß nicht zufällig gegen Jesus. Sie versuchten absichtlich, ihn zu berühren, denn sie erkannten in seinem Innern Kraft und Leben. Die Jünger fragten: »Warum fragst du, wer dich berührt hat? Jeder hier berührt dich.« Doch Jesus merkte einen Unterschied.

»Wer hat mich berührt?«

»Wer hat mich berührt?« Manche Menschen denken, dass diese Frage von Gott als Fangfrage beabsichtigt war. Sie nehmen an, dass Jesus natürlich alles wissen musste – einschließlich dessen, wer ihn berührt hatte –, schließlich war er ja Gott. Sie sagen, dass er diese Frage nur gestellt hat, damit sich diese Frau freiwillig zu erkennen geben würde. Das stimmt so aber nicht.

Viele verstehen die Wahrheit nicht, dass Jesus gleichzeitig vollkommen Gott und vollkommen Mensch war. In seinem Geist war Jesus zu 100 Prozent Gott, doch sein natürlicher Körper war menschlich – zwar menschlich ohne Sünde, aber dennoch menschlich. Unser Herr nahm menschliche Gestalt an und Lukas 2,52 zeigt uns:

Jesus nahm zu an Weisheit und Alter und Gnade
bei Gott und den Menschen.

Jesus musste wachsen und lernen. In seinem Geist, als Gott, wusste er alles. Doch weil er in einem natürlichen Körper lebte, musste sein natürlicher Körper lernen. Als er aus dem Mutterleib kam, konnte er nicht gleich Hebräisch sprechen, Mathematik verstehen und das Zimmermannshandwerk beherrschen. Jesus musste genau wie andere Kinder auch lernen, zu essen, zu laufen und zu sprechen. Er war sündlos, aber er war menschlich und musste wachsen.

Der natürliche Wirkungsbereich Jesu unterlag Einschränkungen. Sein natürlicher Körper konnte nur an einem Ort zur selben Zeit sein und er ermüdete.

> *Weißt du es denn nicht, hast du es denn nicht gehört? Der ewige Gott, der HERR, der die Enden der Erde geschaffen hat, wird nicht müde noch matt; sein Verstand ist unerschöpflich. — Jesaja 40,28*

Wenn Jesus manchmal müde wurde, bedeutet das dann, dass er nicht Gott war? Nein, in seinem Geist war er Gott, doch sein natürlicher Körper war begrenzt. Als Jesus also in seinem natürlichen Sein fragte: »Wer hat mich berührt?«, wusste er nicht, wer es gewesen war.

Bereits bewilligt

Viele denken, dass Gott in seiner Souveränität willkürlich über Dinge entscheidet. Wenn Menschen geheilt werden, dann daher, weil sie ihren Antrag bei Gott eingereicht haben und er ihn bewilligt hat. In ihrer Vorstellung sitzt Gott an einem Schreibtisch, der mit Gebetsanliegen überhäuft ist. Ihr Antrag kommt an die

Reihe und Gott stempelt entweder *bewilligt* oder *abgelehnt* darauf. Wenn also jemand geheilt wird, dann weil Gott ihm Gnade erweist. Wenn jemand nicht geheilt wird, dann hat Gott sich aus irgendeinem Grund anders entschieden. Diese Ansicht kommt immer wieder zum Ausdruck, wenn gesagt wird: »Warum hat Gott diesen oder jenen nicht geheilt? Ich habe doch für ihn gebetet. Gott hätte es tun können.« Sie denken, dass es an Gott liegt, unsere Heilung zu bewilligen oder abzulehnen. Die Wahrheit ist jedoch, dass Gott durch die Striemen auf dem Rücken Jesu all unsere Heilung bereits bewilligt hat.

> *An seinem eigenen Körper hat er unsere Sünden an das Kreuz hinaufgetragen, damit wir für die Sünde tot sind und für die Gerechtigkeit leben können. Durch seine Wunden seid ihr geheilt worden [Vergangenheitsform]! — 1. Petrus 2,24 NLB*

Durch Christi Tod, Begräbnis und Auferstehung hat er bereits für die Heilung eines jeden Menschen bezahlt. Er hat sie schon mit *bewilligt* abgestempelt. Nun liegt es nicht mehr an Gott. Es gibt Gesetze, nach denen unser Glaube funktionieren muss. Die Heilung, die Gott uns bereits zur Verfügung gestellt hat, wird erst dann fließen, wenn wir diese Gesetze lernen und sie anwenden.

Betätige den Schalter

Die geistliche Welt funktioniert nach geistlichen Gesetzen, genau wie die natürliche Welt nach Naturgesetzen funktioniert.

Elektrizität wird vom Elektrizitätswerk produziert. Durch Kabel wird sie dahin gebracht, wo du arbeitest und wohnst. Wenn du nun dein Licht anschalten möchtest, rufst du nicht das

Elektrizitätswerk an und bittest: »Könnten Sie bitte das Licht bei mir anmachen? Andrew Wommack ist heute Abend zu Gast und wir haben ein Treffen.« Es spielt keine Rolle, was du benötigst oder gern hättest, denn der Stromversorger hat seinen Teil bereits erfüllt. Du wurdest von ihm mit Strom versorgt, und er steht dir zur Verfügung. Das Elektrizitätswerk wird niemanden vorbeischicken, um den Schalter an deiner Wand zu betätigen und das Licht anzuschalten. Das ist nicht deren Aufgabe. Sie produzieren Strom und stellen ihn dir zur Verfügung. Doch du bist derjenige, der ihn anschalten muss.

Genauso ist es in der geistlichen Welt. Gott hat seine Heilungskraft bereits jedem zur Verfügung gestellt. Jesus hat dich bereits geheilt. Durch seine Wunden bist du heil geworden (1Petr 2,24). Wenn du nur betest und darauf wartest, dass Gott etwas tut, verstößt du gegen die Gesetze des Glaubens. Du handelst nicht gemäß den Prinzipien des Reiches Gottes. Gott hat Heilung bereitgestellt. Wenn du ein wiedergeborener Christ bist, dann wohnt in dir schon die gleiche Kraft, die Christus von den Toten auferweckt hat. Dein Problem besteht nicht darin, dass Gott erst die Kraft produzieren und dir in deinem wiedergeborenen Geist zur Verfügung stellen muss. Dein Problem ist, dass du nicht gelernt hast, wie man sie aktiviert und bis zur Manifestation der Heilung freisetzt. Du hast noch nicht gelernt, wie man den Schalter bedient und die Kraft aktiviert. Du kooperierst nicht durch Glauben mit Gott.

Du kannst das Elektrizitätswerk anrufen und den ganzen Tag darauf warten, dass man jemanden bei dir zu Hause vorbeischickt, der den Schalter bedient, aber das wird man nicht tun. Dann magst du sagen: »Der Strom funktioniert nicht.« Nein, mit dem Strom ist alles in Ordnung. Du weißt nur nicht, wie du ihn anschaltest.

Heilung funktioniert. Jesus hat schon jeden Menschen geheilt. Er hat die Heilungskraft bereits freigesetzt. Wenn jemand nicht geheilt wird, dann liegt das nicht daran, dass Jesus die Heilung nicht gegeben hat, sondern daran, dass die Person die Heilung nicht ergriffen hat. Er oder sie weiß nicht, wie man die Kraft Gottes einschaltet.

Die blutflüssige Frau hat die Kraft Gottes angezapft. Sie berührte den Saum von Jesu Gewand und Kraft floss – ohne dass der Herr sie angeschaut und abgewägt hätte, ob sie es ernst genug meinen würde, ob sie heilig genug sei oder irgendeinem anderen Kriterium entspräche, das die Religion Gott unterstellt. Jesus tat nichts dergleichen. Ähnlich wie bei der Elektrizität ist die Kraft einfach geflossen.

Wenn jemand ein unter Strom stehendes, nicht isoliertes Kabel anfasst, fließt der Strom automatisch und versetzt ihm einen Stromschlag. Es ist nicht das Elektrizitätswerk, das Stromschläge austeilt, um jemandem persönlich eine Lektion zu erteilen. Der Stromschlag resultiert aus den Gesetzen der Elektrizität. Wenn du ein unter Strom stehendes Kabel berührst und dabei geerdet bist, bekommst du einen Stromschlag.

Genauso ist es mit Heilung. Du musst bei Gott keinen Antrag stellen. Du musst nicht bitten und betteln und all das tun, was uns beigebracht worden ist. Alles, was du tun musst, ist glauben und im Glauben zugreifen und empfangen. Wenn du im Glauben gegründet (oder geerdet) bist, wird die Kraft fließen.

Die blutflüssige Frau hat es bewiesen. Sie setzte die Glaubensgesetze in die Tat um, und die Kraft Gottes floss. Jesus wusste nicht einmal, wer ihn berührt hatte. Allerdings registrierte er, dass Kraft geflossen ist. Ich glaube, dass er die Gaben des Geistes gebrauchte, als er sich umwandte und die Frau sich nicht sofort zu erkennen gab. Dadurch konnte er sie direkt ausfindig machen (Mk 5,32). Es ist bemerkenswert, dass Jesus erst dann wusste, wer ihn berührt hatte, als die Kraft Gottes schon geflossen war. Gott sagte ihr nicht persönlich: »Ja, ich werde dich heilen«, und stempelte ein *bewilligt* auf ihr Gebet. Nein, die Heilungskraft ist bereits da. Du musst dich nur im Glauben ausstrecken und sie berühren. Dann wird die Kraft Gottes fließen.

Unwissenheit ist tödlich

Diese Wahrheit segnet und begeistert mich. Sie beantwortet mir viele Fragen. Sie sagt mir, warum bestimmte gute Menschen, die geheilt werden wollten und ernstlich dafür gebetet hatten, trotzdem gestorben sind. Gott hat sie und ihre Bitte nicht zurückgewiesen. Der Herr hat sich nicht dagegen entschieden, sie zu heilen. Er hat nur festgelegt, dass sein Reich auf der Grundlage von Gesetzen funktioniert. Gott wollte, dass diese Menschen gesund und heil sind, doch sie haben sich nicht an die Gesetze gehalten.

Lass mich dieses Konzept veranschaulichen. Ein Erfinder mag gute Ideen haben, an denen er mit aller Hingabe arbeitet, um sie zu verwirklichen. Er kann kurz davorstehen und doch muss er alle Gesetzmäßigkeiten beachten. Gott kann nicht sagen: »Na gut, du stehst kurz davor. Ich lasse deinen Hubschrauber jetzt fliegen, obwohl du nicht das richtige Material hast. Du hast zwar nicht die richtige Antriebskraft und noch nicht einmal einen Elektromotor entwickelt, aber du hast mit solcher Hingabe daran gearbeitet. Deshalb lasse ich ihn jetzt einfach deinetwegen funktionieren.« Nein, es gibt Naturgesetze, mit denen man kooperieren muss. Der Erfinder kann nahe dran sein, aber nah ist nicht nah genug.

In der geistlichen Welt gibt es gute Leute, die Gott bitten, aber sie verstehen nicht, wie das Reich Gottes funktioniert und wie sie mit ihm kooperieren. Gott weist sie nicht ab, doch sein Reich funktioniert nun einmal nach Gesetzmäßigkeiten. Wenn du diese Gesetze missachtest, werden sie dich umbringen. Unwissenheit ist tödlich. Im Natürlichen sagen wir: »Unwissenheit kann ein Segen sein. Was ich nicht weiß, macht mich nicht heiß.« Das stimmt nicht, ganz besonders nicht in der geistlichen Welt. Was du nicht weißt, kann dich umbringen (Hos 4,6). Wir müssen verstehen, wie das Reich Gottes funktioniert.

Glaube kommt durch das Hören

Lass uns diese blutflüssige Frau noch etwas genauer betrachten. Sie verstand und befolgte verschiedene Gesetze des Reiches Gottes. Zuerst einmal musste sie von Jesus hören.

> *Und da war eine gewisse Frau, die hatte seit zwölf Jahren den Blutfluss, und sie hatte viel erlitten von vielen Ärzten und all ihr Gut aufgewendet, ohne dass es ihr geholfen hätte – es war vielmehr noch schlimmer mit ihr geworden. Als sie nun von Jesus hörte, kam sie unter dem Volk von hinten heran und rührte sein Gewand an. — Markus 5,25–27*

Jemand hatte ihr von Jesus und den Wundern erzählt, die er vollbrachte. Dieses grundlegende Gesetz des Glaubens wird klar im Römerbrief beschrieben:

> *Und doch kommt der Glaube durch das Hören dieser Botschaft, die Botschaft aber kommt von Christus. — Römer 10,17 NLB*

Du musst etwas über Gott hören. Du musst mit Informationen gefüttert werden. Gottes Wort führt uns Informationen zu, die im Gegensatz zu fast allen Informationen stehen, die du in der natürlichen Welt bekommst. In dir wird kein Glaube entstehen, wenn du die (schlechten) Nachrichten in der Tagesschau siehst. Du wirst keinen Glauben bekommen, wenn du Soaps im Fernsehen, nicht jugendfreie Filme und Ähnliches schaust. Diese Dinge bringen gegensätzliche Informationen hervor. Wenn wir Glauben wollen, müssen wir ins Wort Gottes gehen.

Sie hörte von Gott. Sie hat nicht unbedingt durch das Lesen der Schriften von Jesus gehört. Doch nun haben wir die Schriften des Neuen Testaments, das den Dienst Jesu, den Dienst seiner Apostel und Offenbarungswissen umfasst. Wenn du heute etwas über Jesus erfahren möchtest, musst du Gottes Wort hören. Du musst dich in das Wort Gottes begeben und darüber meditieren.

Diese Frau hatte von Jesus gehört. Was sie gehört hatte, darüber machte sie sich Gedanken und ließ es auf sich wirken. Sie hätte es auch ablehnen können, doch sie empfing. Glaube entsteht durch das Hören von Gottes Wort.

Schließ dich an die Kraftquelle an

Wenn du Heilung empfangen möchtest, musst du ins Wort Gottes gehen. In Psalm 107,20 steht:

Er sandte sein Wort und machte sie gesund
und ließ sie aus ihren Gräbern entkommen.

Gottes Wort wird dich heilen und befreien. Wenn du es findest, ist es Leben und Gesundheit für deinen ganzen Leib.

Mein Sohn, achte auf meine Worte, neige dein Ohr zu meinen Reden! Lass sie nie von deinen Augen weichen, bewahre sie im Innersten deines Herzens! Denn sie sind das Leben denen, die sie finden, und heilsam ihrem ganzen Leib. — Sprüche 4,20–22

Dies ist eines der Gesetze Gottes, das viele Menschen missachten. Sie wollen vom Herrn empfangen, doch sie verbringen keine Zeit in seinem Wort. Sie sagen vielleicht: »Nun, ich glaube, dass die Bibel irgendwo davon spricht, dass wir in seinen Wunden geheilt sind, aber ich bin nicht sicher, ob das ein genaues Zitat ist oder nicht.« Wenn du so sprichst, wirst du durch das Wort Gottes nicht geheilt werden. Jemand anderes mag dir dienen und du kannst durch ihren Glauben geheilt werden, doch du wirst nicht geheilt, wenn du derart vage bist. Du musst wissen, was Gottes Wort sagt. Du musst in der Lage sein, die Verse zu finden.

Mein Buch *Verändert werden ohne Mühe* handelt von der Wichtigkeit des Wortes Gottes und wie es in unserem Leben wirkt.

Wenn das Wort Gottes nicht in dir lebt, missachtest du eines der grundlegendsten Gesetze. Es ist, als wäre der Stecker nicht in der Steckdose, und du fragst dich, warum dein Gerät nicht funktioniert. Der Grund ist, dass du nicht an die Kraftquelle angeschlossen bist. Du musst mit dem Wort Gottes verbunden sein!

KAPITEL 17

Worte haben Macht

Als die blutflüssige Frau von Jesus hörte, …

> *… kam sie in der Volksmenge von hinten und rührte sein Gewand an; denn sie sagte: Wenn ich nur sein Gewand anrühre, werde ich geheilt werden. — Markus 5,27–28* ELB

Hier befolgte sie ein weiteres Gesetz: Sie sprach ihren Glauben aus. Gottes Wort zeigt diese Wahrheit klar und deutlich an verschiedenen Stellen auf, wie z. B. in Sprüche 18:

> *An der Frucht seines Mundes sättigt sich der Mensch, am Ertrag seiner Lippen isst er sich satt. Tod und Leben steht in der Gewalt der Zunge, und wer sie liebt, der wird ihre Frucht essen. — Sprüche 18,20–21*

Vielleicht führt nun jemand den Bericht von Matthäus als Einwand an. Auch dort geht es darum, dass sie ihren Glauben aussprach, doch es heißt:

> *Denn sie sagte bei sich selbst: Wenn ich nur sein Gewand anrühre, so bin ich geheilt! — Matthäus 9,21*

Laut Matthäus sprach sie bei sich selbst, doch gemäß Markus sprach sie laut mit ihrem Mund. Was davon stimmt also? Ich glaube beides. Bevor wir etwas mit unserem Mund aussprechen, sagen wir es innerlich. Die beiden Verse widersprechen einander nicht. Sie tat beides und dies ist eines der Gesetze, nach denen Glauben funktioniert.

Unsere Worte haben Macht. Wir können mit unseren Worten Leben freisetzen und wir können mit unseren Worten Tod hervorrufen. Wir müssen begreifen, dass in unseren Worten Macht liegt – nicht nur positive Macht, sondern auch negative.

Setze deinen Glauben frei

Wenn du jammerst, meckerst und klagst, setzt du die Kraft des Unglaubens frei. Dieser Unglaube wird deinen Glauben aufheben und zunichtemachen. Viele Menschen bitten Gott, sie zu heilen. Und dann werden sie gefragt: »Wie geht es dir?« Sie antworten: »Der Arzt sagt, dass ich nicht mehr lange zu leben habe. Ich habe überall Schmerzen.« Sie beginnen, mit ihrem Mund negative Worte auszusprechen – das Gegenteil von Gottes Wort –, und sie missachten die Gesetze, nach denen Glaube funktioniert.

Das ist genau wie ein elektrischer Kurzschluss. Der Strom ist vorhanden, doch weil du ständig einen Kurzschluss verursachst, bringt er nicht die gewünschten Resultate hervor.

Du musst verstehen, dass die Worte, die du sprichst, Macht haben. Gott hat Himmel und Erde durch Worte geschaffen. Er sprach die Welt in Existenz. Er sagte: »Es werde Licht« (1Mose 1,3) und »Die Erde lasse … sprießen« (V. 11). Die natürliche Welt, und sogar dein eigener natürlicher Körper, reagiert auf Worte. Deine Worte sind wichtig.

Viele Menschen denken: *Es spielt keine Rolle, was ich sage*, aber Gottes Wort zeigt, dass deine Worte sehr wohl eine Rolle spielen.

Was du sagst, hat einen Einfluss auf das, was du glaubst. Es hat Auswirkungen auf deinen Körper, den Teufel und sogar Gott. Gott gebraucht deine Worte. Sie sind eines der wichtigsten Werkzeuge, um deinen Glauben freizusetzen.

Sprich Gottes Wort

In mehr als vierzig Jahren Dienst habe ich für Tausende von Menschen gebetet. Über die Jahre habe ich gelernt, dass es in meinem Gebet für andere sehr wichtig ist, dass ich glaubenserfüllte Worte spreche. Ich spreche niemals meine Zweifel aus. Es kommt vor, dass in mir Furcht und Zweifel aufsteigen, wenn Menschen in sehr schlechter Verfassung zu mir kommen, doch ich spreche das niemals aus. Ich spreche nur meinen Glauben aus. Ich habe erlebt, dass Menschen geheilt wurden, obwohl ich innerlich gezweifelt habe. Doch ich habe meine Zweifel niemals ausgesprochen.

In Matthäus 6,31 (KJV) heißt es:

Darum macht euch keine Gedanken, indem ihr sagt …

Du kannst es nicht verhindern, einen Gedanken zu bekommen, aber du kannst verhindern, dass der Gedanke zu deinem eigenen wird. »Macht euch keine Gedanken, indem ihr sagt …« Du lässt einen Gedanken erst dann richtig zu, wenn du beginnst, ihn auszusprechen. Was du sagst, ist außerordentlich wichtig.

Als die blutflüssige Frau sagte: »Wenn ich nur sein Gewand berühre, werde ich geheilt«, brachte sie ein Gesetz Gottes zur Anwendung. Wir haben gerade gesehen, dass Leben und Tod in der Gewalt der Zunge stehen. Sie sagte etwas Positives und als sie dann dementsprechend handelte, wurde die Kraft freigesetzt.

Wenn du gegen eine bestimmte Krankheit kämpfst, musst du beginnen, glaubensvolle Worte zu sprechen. Du musst das Ergebnis dessen wollen, was du sagst. Sage nicht einfach, was der Arzt gesagt hat, oder wie du dich fühlst. Sage das, was Gottes Wort über dich sagt, und sprich es im Glauben. Zu Beginn glaubst du es vielleicht noch nicht so ganz, aber Glaube kommt aus dem Hören – und Hören und Hören … – des Wortes Gottes. Gottes Wort zu sprechen – und es immer wieder zu sprechen –, wird dir helfen, es zu glauben.

Geistliche Kraft

Noch eine andere Bibelstelle, die uns die Wichtigkeit unserer Worte zeigt, ist folgende:

> *Denn wahrlich, ich sage euch: Wenn jemand zu diesem Berg spricht: Hebe dich und wirf dich ins Meer! und in seinem Herzen nicht zweifelt, sondern glaubt, dass das, was er sagt, geschieht, so wird ihm zuteilwerden, was immer er sagt.*
> *— Markus 11,23*

Deine Worte, die du *sagst*, werden in diesem einen Vers drei Mal betont. Du musst deinen Glauben sprechen und nicht Unglauben. Wenn du im Glauben sprichst, wird geistliche Kraft freigesetzt. Du erlaubst Gottes Kraft zu fließen.

Die meisten Ärzte folgen der Philosophie, dass ihre Patienten sich keine allzu großen Hoffnungen machen dürfen. Sie versuchen immer vom schlimmsten Fall auszugehen und halten das für eine gute und weise Strategie. Mir ist bewusst, dass Ärzte für eine falsche Aussage (wenn es doch schlimmer kommt als erwartet) zur

Rechenschaft gezogen werden können, trotzdem sollte man den Menschen Hoffnung machen und positive Worte sprechen. Du musst nicht die negativen Dinge aussprechen. Wenn du zu jemandem ins Krankenhaus gehst, sprich mit ihm nicht über das Sterben. Sprich über das Leben! Setze mit deinen Worten Leben frei! Sprich das Wort Gottes! Sein Wort wird Leben und Heilung für sein ganzes Fleisch sein (Spr 4,22).

Sprich zu deinem Berg

Wiederum sagt Jesus in Markus 11,23:

> *Wenn jemand zu diesem Berg spricht: Hebe dich und wirf dich ins Meer!*

Der Berg, um den es hier geht, ist dein Problem. Wenn es dir nicht gut geht und du eine Krankheit hast, dann sprich zu dieser Krankheit. Sage: »Krebs, du bist tot! Im Namen Jesu befehle ich dich aus meinem Körper! Krebs, du verlässt meinen Körper jetzt sofort!« Die Bibel sagt, dass man *zu* seinem Problem sprechen soll, doch die meisten sprechen *mit* Gott über ihr Problem. Das ist eine einfache, aber grundlegende Wahrheit, die mein Leben revolutioniert hat.

Wenn es um Heilung geht, musst du lernen, gemäß diesem Prinzip zu handeln. Wenn du Schmerzen in deinem Fuß hast, dann sage: »Schmerz in meinem Fuß, in Jesu Namen befehle ich dir, zu gehen.« Sage nicht: »Gott, bitte nimm den Schmerz aus meinem Fuß.« Das ist nicht die Anweisung, die er uns gegeben hat. Er hat uns angewiesen, *zu* unserem Problem zu sprechen, und nicht mit ihm *über* unser Problem zu sprechen. Die meisten Menschen befolgen diese Wahrheit nicht. Sie missachten dieses Gesetz, und deswegen fließt die Kraft Gottes nicht. Wir müssen das tun, was der Herr uns geboten hat.

Ich erinnere mich, dass ich diese Wahrheit in Charlotte (North Carolina) einer Frau mit ernsten gesundheitlichen Problemen erklärte. 1994 waren bei ihr alle möglichen Krankheiten und Leiden diagnostiziert worden. Sie litt ununterbrochen an entsetzlichen Schmerzen. Die Ärzte sagten ihr im Jahr 1997, dass es für sie unmöglich sei, noch länger zu leben, und dass sie innerhalb eines Monats sterben würde. Als ich für sie betete, war das Jahr 2001. Sie hatte also schon vier Jahre länger gelebt als vorausgesagt, trotzdem hatte sie immer noch eine Menge gesundheitliche Probleme und sie lebte mit schrecklichen Schmerzen.

Ich sprach mit ihr und erklärte einige Wahrheiten bezüglich Heilung vom Wort her. Dann betete ich mit ihr und sprach zum Schmerz. Ihr gesamter Körper schmerzte. Also befahl ich dem Schmerz, zu gehen. Ich bat nicht darum. Ich ergriff meine gottgegebene Autorität als Gläubiger und gebot dem Schmerz, zu gehen.

Ergreife Autorität und befiehl!

Das führt uns zu einem weiteren wichtigen Gesetz des Reiches Gottes. Da Gott durch das Erlösungswerk Christi seinen Teil bereits getan hat, *müssen wir unsere Autorität als Gläubige ergreifen und der Kraft Gottes befehlen zu fließen* (Jes 45,11). Statt mit einem Fragezeichen am Ende des Satzes zu bitten und uns zu fragen, was Gott wohl tun wird, müssen wir glauben und gemäß der Wahrheit handeln, dass der Herr es schon vollbracht hat. Durch seine Wunden bist du geheilt worden – Vergangenheitsform (1Petr 2,24).

Also sprach ich zum Körper dieser Frau, ich sprach zum Schmerz und befahl ihm, zu verschwinden. Sofort war sie zum ersten Mal seit sieben Jahren schmerzfrei. Sie begann Gott zu preisen, doch dann hielt sie inne und sagte: »Ich habe noch immer ein Brennen im Rücken im Bereich der Taille. Warum ist das Brennen nicht verschwunden?«

Ich antwortete: »Nun, ich habe nicht zu dem Brennen gesprochen. Du hast mir nichts über ein Brennen gesagt und so habe ich ihm nicht befohlen.« Also betete ich noch einmal und diesmal sagte ich: »Brennen, im Namen Jesus befehle ich dir, zu verschwinden.« Und dann war es weg.

Diese Frau war völlig außer sich, lief herum und pries Gott. Ich verbrachte fast eine halbe Stunde damit, ihr zu erklären, wie sie ihre Heilung behalten konnte, wenn Satan kommen und versuchen würde, das Wort zu stehlen (Mk 4,15). Ich sagte ihr, was sie zu tun hätte, wenn sie je wieder einen Schmerz, ein Brennen oder Ähnliches feststellen sollte.

Wie das Reich Gottes funktioniert

Und tatsächlich – sie wollte gerade gehen, da schaute sie mich an und sagte: »Das Brennen ist wieder da.«

Ich sagte: »Nun, ich habe dir gesagt, was zu tun ist. Ich werde mich im Gebet eins mit dir machen und mit dir übereinstimmen, aber du betest. Du übernimmst das Kommando.«

Also sprach die Frau ein ziemlich gutes Gebet und sagte: »Vater, ich danke dir, dass du mich heilen willst.« Dreißig Minuten zuvor hatte sie noch geglaubt, dass Gott derjenige war, der ihr diese Krankheit gegeben hatte. Doch sie hatte das Wort angenommen, als ich diesem Unglauben entgegengetreten war. Sie betete:

»Vater, ich glaube, dass ich durch deine Striemen geheilt worden bin. Ich beanspruche meine Heilung im Namen Jesu.« Das war zwar ein ziemlich gutes Gebet im Vergleich zu dem, was sie zuvor geglaubt hatte, doch ich wusste, dass es nicht helfen würde. In dem Wissen, dass das Brennen noch da war, fragte ich sie: »Fühlst du immer noch ein Brennen?«

»Ja. Warum ist es nicht verschwunden?«

»Weil du zu Gott über dein Brennen gesprochen hast, statt direkt zu dem Brennen zu sprechen.« Dann öffnete ich meine Bibel in Markus 11,23 und sprach noch eingehender über diese Wahrheit: »Du musst zu deinem Berg sprechen.«

Sie schaute mich an und sagte: »Du meinst, ich soll zu dem Brennen sprechen – es beim Namen nennen und direkt ansprechen?«

»Ja. Das ist es, was die Bibel uns aufträgt.«

Du magst das für merkwürdig halten, aber Jesus sprach zu einem Feigenbaum (siehe Mk 11,12–26). Er ist derjenige, der uns aufgetragen hat, zum Berg zu sprechen (Mk 11,23). Es funktioniert. Es ist ein Gesetz seines Reiches. Um das zu tun, musst du es nicht vollkommen verstehen. Wenn du einen Schalter an der Wand betätigst, musst du nicht verstehen, warum das Licht angeht. Du tust es einfach und es funktioniert. Setze deinen Glauben ein und übe deine gottgegebene Autorität aus, indem du zum Berg sprichst. Es wird funktionieren.

Also betete diese Frau erneut und sagte: »Brennen, im Namen Jesu ...« Sofort hielt sie inne und rief: »Es ist schon weg!« Das war alles, was sie sagen musste. Gott hatte sie befreit. Mehr als ein Jahr später traf ich sie zum Essen, und sie lebte noch immer in göttlicher Gesundheit. Es war ein großes Wunder!

Einer der wichtigsten Schlüssel, die ich gebrauche, sind meine Worte. Um genau zu sein: ich spreche nicht nur positive Worte zu Gott, sondern ich spreche positive Worte über meine Situation. Ich ergreife Autorität und gebiete der Situation, sich zu verändern. Dies sind ein paar der Gesetze des Reiches Gottes. Zu Anfang mag das merkwürdig aussehen, doch so funktioniert das Reich Gottes nun einmal.

Empfange im Glauben

Wenn du ein finanzielles Problem hast, dann sprich zu deinem Konto. Wenn dein Konto dir sagt: »Sieh all die vielen Minuszeichen, da gibt es kaum ein Plus. Das Wort hat nicht gewirkt. Gott versorgt dich nicht einmal mit dem Nötigsten.« Diese Gedanken werden kommen, wenn du dein Konto anschaust. Also sprich zu dem Berg! Sage: »Im Namen Jesu, mein Gott füllt all meinen Mangel aus nach seinem Reichtum in Herrlichkeit in Christus Jesus (Phil 4,19). Ich gebiete dem Minus zu verschwinden und dem Plus zu kommen. Ich rufe Gottes Versorgung im Überfluss in Existenz. Meine Konten empfangen ein Plus an Geld.«

Wenn es um körperliche Heilung geht, dann sprich zu deinem Körper. Kürzlich habe ich in einer meiner Versammlungen der Diabetes im Körper eines Mannes geboten. Ich bat nicht Gott darum, das zu tun, sondern ich tat es. Der Herr hat seinen Teil bereits getan. Gott hatte diesen Mann bereits geheilt. Es ist nur die Frage, ob auf der Erde jemand bereit ist, seinen Glauben freizusetzen, indem er Autorität ergreift und zum Berg spricht.

Ich könnte dir noch so viel mehr darüber erzählen, deine Autorität zu ergreifen und zum Berg zu sprechen. Es ist wirklich wichtig, dass du diese Offenbarung empfängst und beginnst, darin zu leben. Daher möchte ich dir gern meine beiden Bücher *Die Vollmacht des Gläubigen* und *Du hast schon alles, was du brauchst!*

empfehlen. Du musst verstehen, dass Gott seinen Teil bereits getan hat, und dass es nun an dir liegt, Vollmacht zu ergreifen und den Befehl zu sprechen, damit die Dinge geschehen. Alles, was Christus durch seinen Tod, sein Begräbnis und seine Auferstehung für uns bereitgestellt hat, ist durch Gnade in diesem Moment komplett verfügbar. Doch um diese Dinge in der natürlichen Welt auch zu erleben, musst du im Glauben zugreifen und sie empfangen.

Heilen und wiederherstellen

Ich hatte der Diabetes dieses Mannes befohlen, zu gehen. Dann befahl ich neues Leben in seine Bauchspeicheldrüse, damit sie wieder richtig funktionierte. Der Mann hatte Probleme mit diesem Organ. Ich befahl dem Insulinspiegel, auf das richtige Niveau zu kommen, und so weiter.

Einen Monat später kam der Mann mit einem großartigen Bericht zu mir. Er zeigte mir die gespeicherten Tagesdaten seines elektronischen Messgeräts, mit dem er seinen Blutzuckerspiegel überprüfte. Ich weiß nicht genau, was das bedeutet, aber sein Zuckerspiegel war an dem Tag, als ich für ihn betete, weit über 1100. Dann begann er zu sinken und immer weiter zu sinken. Er klickte diese ganzen Daten durch und zeigte mir, dass der Zuckerspiegel jeden Tag weiter gesunken war, bis er sich bei ungefähr 108 eingependelt hatte. Die positive Wendung trat ein, als ich nicht nur der Diabetes befahl, seinen Körper zu verlassen, sondern auch Wiederherstellung in seinen Körper sprach.

Es ist sogar passiert, dass ich meine Hände auf Menschen mit Tumoren legte und die Tumore direkt unter meiner Hand verschwanden, während ich betete und dem Krebs gebot. Ich konnte fühlen, wie der Tumor kleiner wurde. Aber mir ist auch deutlich geworden, dass Krankheiten wie diese den Körper beschädigen, und daher spreche ich zu den betroffenen Körperteilen und setze Gottes Heilungskraft frei.

Ich befehle den weggefressenen Organen, nachzuwachsen und wiederhergestellt zu werden. Auf diese Weise spreche ich zu dem Berg.

Wenn ich für Menschen mit Arthritis bete, gebiete ich der Arthritis namentlich. Ich glaube, dass Arthritis ein dämonischer Geist ist, also gebiete ich dem Geist und befehle der Arthritis im Namen Jesu zu weichen. Würde ich an dem Punkt aufhören, könnten die Menschen zwar von Arthritis geheilt sein, doch der Schaden, der dadurch in ihrem Körper angerichtet wurde, wäre immer noch da. Also gebiete ich nicht nur der Arthritis, sondern ich spreche Wiederherstellung in den Körper. Ich befehle verdrehten Gelenken zurück in ihre richtige Position zu kommen. Ich befehle Schmerzen, Schwellungen und Entzündungen zu verschwinden. Ich habe Tausende Male gute Resultate erlebt, nur durch die Anwendung dieses geistlichen Gesetzes.

Das Entscheidende ist: Du musst sprechen. Die blutflüssige Frau sprach und sagte: »Wenn ich nur sein Gewand berühre, werde ich geheilt.« Dann handelte sie ihrem Glauben gemäß. Was auch immer sie gesagt hätte: Es hätte ihr nichts geholfen, wenn sie nicht auch entsprechend gehandelt hätte.

KAPITEL 18

Handle gemäß deinem Glauben

Glaube, der nicht mit Taten einhergeht, ist tot.

> *Willst du aber erkennen, du nichtiger Mensch, dass der Glaube ohne die Werke tot ist? — Jakobus 2,20*

Du musst deinem Glauben gemäß handeln. Mal angenommen, du bist krank, und nachdem du dieses Buch gelesen hast, beginnst du zu sagen: »Ich glaube, dass ich im Namen Jesu geheilt bin.« Doch wenn du dann Krankheit denkst, Krankheit sprichst und dich wie ein Kranker verhältst, wirst du die Manifestation deiner Heilung nicht erleben. Du musst über das Wort Gottes zum Thema Heilung nachsinnen, es wieder und wieder sprechen, bis schließlich Glaube kommt, und dann deinem Glauben gemäß handeln. Wenn du im Bett liegst, weil du dich nicht wohlfühlst, dann stehe auf und fang an, etwas zu tun. Setz dich in Bewegung und beginne, deinem Glauben gemäß zu handeln.

Vollkommen gemacht

Ich könnte dir Hunderte von Beispielen geben, wie diese Wahrheit durch entsprechendes Handeln umgesetzt wurde. Einmal hatte ich mich am Rücken verletzt und litt schreckliche Schmerzen.

Mir war nicht nach Bewegung zumute, doch im Glauben stand ich auf und begann, Rumpfbeugen und andere Gymnastikübungen zu machen. Ich widerstand dem Schmerz, indem ich genau das tat, wonach mir gar nicht zumute war (Jak 4,7). Das ist nun schon über dreißig Jahre her. Gott sei Dank habe ich noch immer einen starken und gesunden Rücken. Doch bevor die Heilung sichtbar eintrat, hatte ich ernste Rückenprobleme.

Ein anderes Mal hatte ich Malerarbeiten zu verrichten und fühlte mich krank. Ich kam zur Mittagspause von der Arbeit heim, legte mich auf die Couch und wollte gar nichts tun. Meine Frau – sie ist wirklich eine Frau des Glaubens – legte meinen Arm um ihren Hals und brachte mich dazu, mit ihr durch das Haus zu tanzen, als wäre ich vollkommen gesund. Es dauerte keine halbe Stunde, bis ich mich wieder besser fühlte und zurück an die Arbeit ging. So wurde ich für den ganzen Tag bezahlt. Auf das Geld waren wir damals dringend angewiesen.

Viele Menschen legen sich ins Bett, schlucken alle möglichen Pillen und lassen sich von ihren Familienangehörigen die fiebrige Stirn kühlen. Dann wundern sie sich, warum sie immer noch krank sind. Glaube kommt zur Vollendung oder wird vollkommen gemacht durch Werke.

> *Siehst du, dass der Glaube zusammen mit seinen Werken wirksam war, und dass der Glaube durch die Werke vollkommen wurde? — Jakobus 2,22*

Jetzt versteh diese Wahrheit nicht falsch, indem du glaubst, dass Taten Glauben hervorbringen. Das ist nicht der Fall, und in genau diesem Punkt unterliegen viele Menschen einem Irrtum. Manche Leute, die nicht wirklich glauben, denken: *Wenn ich einfach so tue, als würde ich glauben, dann wird es funktionieren.* Also hören sie auf, ihr Insulin oder ihre Medikamente einzunehmen oder sich ihrer Behandlung zu unterziehen und dann sterben sie. So gerät Glaube in Verruf. Werke (oder Taten) bringen keinen Glauben hervor. Aber wenn du schon Glauben hast, ist er erst dann vollkommen, wenn du ihn in die Tat umsetzt.

Fokus und Entschlossenheit

Die blutflüssige Frau musste ihrem Glauben entsprechend handeln. Sie hatte im Glauben gesagt: »Wenn ich nur sein Gewand berühre, werde ich gesund.« Also handelte sie danach, indem sie sich ihren Weg durch die dichte Menschenmenge bahnte, die sich um Jesus drängte, bis sie ihre Hand ausstrecken und den Saum seines Gewandes berühren konnte.

Es war gar nicht so einfach, in dem Gedränge den Saum des Gewandes unten am Boden zu berühren. Das bedeutet, dass diese Frau möglicherweise auf Händen und Knien herangekrochen kam, indem sie sich mit aller Kraft ihren Weg durch die Menschenmenge um Jesus bahnte. Ihre Tat zeigt ihre vollkommene Entschlossenheit.

Gemäß dem alttestamentlichen Gesetz machte ihr Blutfluss sie unrein. Jedes Gewand und jede Person wurde durch ihre Berührung ebenfalls unrein. So etwas galt als schwerer Frevel. Blutflüssige Menschen wie sie konnten sich nicht in die Öffentlichkeit wagen. Und wenn sie es taten, mussten sie sich an die Straßenecken stellen und »Unrein, unrein!« rufen. Die Menschen räumten dann die Straße und machten ihnen einen breiten Weg zum Vorbeigehen frei. Während sie durch die Menge kroch und sich durchkämpfte, um Jesu Gewand zu berühren, ging diese Frau ein ernstes Risiko ein. Wenn entdeckt worden wäre, dass sie blutflüssig war, hätte sie zu Tode gesteinigt werden können. Trotzdem konnte niemand und nichts sie davon abhalten, von Gott zu empfangen.

Dies veranschaulicht ein weiteres wichtiges Gesetz des Reiches:

Fokus und Entschlossenheit sind nötig,
um von Gott zu empfangen.

»Von ganzem Herzen«

Vielen Menschen ist Jeremia 29,11 sehr vertraut, wo es heißt:

Denn ich weiß, was für Gedanken ich über euch habe, spricht der HERR, Gedanken des Friedens und nicht des Unheils, um euch eine Zukunft und eine Hoffnung zu geben.

Aber die Verse 12 und 13 sind ihnen nicht so vertraut, wo der Gedanke folgendermaßen fortgesetzt wird:

Und ihr werdet mich anrufen und hingehen und zu mir flehen, und ich will euch erhören; ja, ihr werdet mich suchen und finden, wenn ihr von ganzem Herzen nach mir verlangen werdet.

Beachte, wie Gottes Wort hier offenbart, dass du ihn suchen und ihn finden wirst, wenn du von ganzem Herzen nach ihm verlangst. Viele Menschen beten passiv: »Gott, ich möchte gern geheilt werden.« Doch in ihrem Herzen denken sie, dass sie auch ohne Heilung irgendwie klarkommen könnten. Sie sind nicht so entschlossen, dass sie sagen: »Ohne das kann ich nicht leben.« Deswegen erleben sie die Heilungskraft Gottes nicht.

Solange du ohne Heilung leben kannst, wirst du das auch. Aber wenn du an einen Punkt kommst, wo du in deinem Herzen sagst: »Ich werde das nicht länger akzeptieren«; wenn du die gleiche entschlossene Hingabe entwickelst wie die blutflüssige Frau, sodass du buchstäblich dein Leben aufs Spiel setzt und das Risiko eingehst, von einer Menschenmenge niedergetrampelt oder gesteinigt zu werden; wenn du also so fokussiert und entschlossen bist, dass du alles Notwendige tun wirst, um deinen Glauben in die Tat umzusetzen – eine solche Haltung wird die Kraft Gottes fließen lassen. Das ist einfach ein weiteres Gesetz, das festlegt, wie Glaube funktioniert.

Ein reines Herz

Genauso wie Unglaube kann auch fehlende Vergebungsbereitschaft einen Kurzschluss auslösen, der verhindert, dass die Kraft Gottes fließt.

> *Und voll Zorn übergab ihn sein Herr den Folterknechten, bis er alles bezahlt hätte, was er ihm schuldig war. So wird auch mein himmlischer Vater euch behandeln, wenn ihr nicht jeder seinem Bruder von Herzen seine Verfehlungen vergebt.*
> *— Matthäus 18,34–35*

Wenn du Unversöhnlichkeit in deinem Herzen hegst, wirst du den Folterknechten übergeben werden. Eine bittere Wurzel wird aufwachsen und deinen gesamten Körper verunreinigen.

> *Und achtet darauf, dass nicht jemand die Gnade Gottes versäumt, dass nicht etwa eine bittere Wurzel aufwächst*

und Unheil anrichtet und viele durch diese befleckt werden.
— Hebräer 12,15

Du brauchst ein reines Herz – ein Herz, das frei von Unversöhnlichkeit und Bitterkeit ist.

Wie Glaube wirkt

Außerdem wirkt Glaube durch Liebe.

Denn in Christus Jesus gilt weder Beschneidung noch Unbeschnittensein etwas, sondern der Glaube, der durch die Liebe wirksam ist. — Galater 5,6

Würdest du wirklich verstehen, wie sehr Gott dich liebt, würde dein Glaube durch die Decke gehen. Solltest du nicht richtig einordnen können, warum Gott im Alten Testament zornig ist und Menschen straft, können dir meine Bücher *Die wahre Natur Gottes* und *Der Krieg ist zu Ende* die Augen öffnen. Wenn du verstehst, wie sehr Gott dich liebt, wird dein Glaube funktionieren.

Ein Mann und seine zwölfjährige Tochter kamen in einen meiner Gottesdienste. Sie saß im Rollstuhl und vegetierte eigentlich nur vor sich hin. Sie lebte und atmete, doch sie konnte nicht kommunizieren. Ihr Verstand und ihr Körper funktionierten nicht. Im Alter von zwölf Jahren benötigte sie noch immer Windeln. Während des Gottesdienstes sagte ich etwas darüber, dass Gott jedes Mal heilen will. Das verärgerte den Vater so sehr, dass er mitten in der Predigt aus dem Gottesdienst ging. Doch die Person, die ihn zu der Versammlung mitgebracht hatte, überredete ihn, doch noch bis zum Ende dazubleiben und sagte: »Vielleicht hast du

Andrew falsch verstanden. Vielleicht kann er es noch einmal erklären.« Also blieb er, aber er war wütend auf mich.

Ich sagte ihm: »Gott will Ihre Tochter heilen.«

Er antwortete: »Gott hat meine Tochter so gemacht. Es ist sein Wille.« Ich verstand, warum er das sagte. Es war ein Schutzmechanismus. Es machte ihm Kummer, seine Tochter in diesem Zustand zu sehen. Ich bin sicher, dass er gebetet hatte, doch es hatte nichts bewirkt. Also nahm er an, dass es Gottes Wille war, und dass der Herr einen Plan hatte, warum seine Tochter so sein musste.

»Gott ist Liebe«

Ich begann, ihn von der Bibel her zu lehren, dass das nicht die Wahrheit war. Er konterte jedoch mit anderen Bibelstellen, die seine Position rechtfertigten. Ich dachte, er würde seine Verse falsch auslegen, und er dachte, ich würde meine falsch interpretieren. Die Diskussion führte also zu nichts und dieser Mann war immer noch sehr wütend.

Er stand hinter seiner Tochter auf der Rückseite des Rollstuhls und sie saß zwischen uns. Ich versuchte verzweifelt, diesen Mann verstehen zu lassen, dass Gott seine Tochter heilen wollte, und dachte, dass ich nichts mehr zu verlieren hatte, weil er ja schon zornig auf mich war. Also stauchte ich ihn schließlich mit folgenden Worten zusammen: »Was für ein Vater sind Sie eigentlich? Welcher Vater will denn, dass seine Tochter ihr Leben lang gelähmt ist, vor sich hin vegetiert und an einen Rollstuhl gefesselt ist? Sie wird niemals spielen, heiraten oder andere Freuden des Lebens genießen können. Was für ein Mann sind Sie?«

Der Mann hatte bereits schon vor Zorn geglüht, aber jetzt quoll förmlich Dampf aus seinen Ohren. Es hätte nicht viel gefehlt und er hätte mich verprügelt. Ich bin sicher, er stand kurz davor. Stattdessen schaute er mich mit zornigen Augen an und antwortete: »Ich würde alles tun, um meiner Tochter zu helfen, gesund zu werden. Wenn es eine Operation gäbe, würde ich jede Summe aufbringen. Könnte ich an ihrer Stelle sein und so werden wie sie, damit sie gesund werden könnte, dann würde ich das tun. Ich würde alles tun, damit sie gesund wird!«

Nachdem er all das herausgeschrien hatte, schaute ich ihm direkt in die Augen und sagte: »Und Sie glauben, dass Gott, der alle Macht hat, Ihre Tochter weniger liebt als Sie?«

Das hat ihn eiskalt erwischt. Er hatte Argumente und eine feste Lehrmeinung. Er war falsch darüber gelehrt worden, dass Gott Krankheiten und Leid auf Menschen legt. Er liebte seine Tochter und hätte alles für sie getan. Er wäre für ihre Heilung bis ans Ende der Welt gegangen. Also drehte ich den Spieß um und forderte ihn heraus, indem ich zu ihm sagte: »Sie denken, dass Gott, von dem die Bibel sagt, dass er Liebe ist, Ihre Tochter weniger liebt als Sie.« Er konnte mit seiner Lehrmeinung argumentieren, als ich aber die Liebe ins Feld führte, wusste er nichts mehr zu sagen.

Gott ist Liebe. — 1. Johannes 4,8

Wenn du doch wirklich verstehen und glauben könntest, wie sehr Gott dich liebt, würde dein Glaube an Gottes Heilung durch die Decke gehen. Es liegt nicht daran, dass der Herr nicht geheilt hat, sondern an uns, die wir nicht verstanden und empfangen haben. Wir müssen verstehen, wie sehr Gott uns liebt. Wir müssen unseren Fokus auf seine Liebe, die er für uns hat, legen und darüber nachsinnen. Allein das würde Wunder für unseren Glauben bewirken.

Die Betriebsanleitung

Vielleicht bist du hartnäckig und auf Heilung fokussiert, doch du verstehst nicht, wie sehr Gott dich liebt. Vielleicht denkst du, er sei verärgert. Vielleicht hasst du dich selbst. Vielleicht bist du von dir selbst enttäuscht und denkst, dass der Herr dich noch viel weniger leiden kann. Das ist ein großes Hindernis dafür, dass Gottes Heilungskraft in dein Leben fließt. Bedenke, dass Glaube durch Liebe wirksam wird (Gal 5,6). Das ist ein weiteres Gesetz des Reiches Gottes. Wenn du also sehen willst, wie die Heilungskraft des Herrn in deinem Leben wirkt, musst du anfangen zu verstehen, wie sehr er dich liebt.

Ich könnte darüber noch so viel mehr schreiben. Ich habe viele weitere solcher Gesetze entdeckt, die das Wirken des Glaubens bestimmen.

Ich konnte in diesem Buch nur ein paar der wichtigsten niederschreiben. Ich persönlich verstehe noch immer nicht alles, was es über Glaube und Heilung zu wissen gibt, aber das ist alles im Wort Gottes offenbart.

Gottes Wort ist die Betriebsanleitung. Als wiedergeborene Gläubige gehören wir ihm und sein Wort sagt uns, wie sein Reich funktioniert. Wir müssen sein Wort in die Hand nehmen und noch weitere Gesetze entdecken, die bestimmen, wie Glaube funktioniert. Und dann müssen wir im Glauben diese Gesetze befolgen.

Denke einmal über die verschiedenen Menschen in der Bibel nach und wie sie ihre Heilung empfangen haben. Mach dir einmal intensiv Gedanken über die blutflüssige Frau und über Jairus, der seine Tochter von den Toten zurückerhalten hat. Schau dir an, wie Jesus anderen mit Heilung gedient hat. Bete und bitte den Heiligen Geist, dir zu helfen, dass du Dinge erkennst, die auf dich zutreffen und auf die Menschen, zu denen er dich schicken will, um ihnen mit Heilung zu dienen.

Gesundheit ist Gottes Wille für dich. Er will mehr als du selbst, dass du gesund bist. Wenn du nicht gesund bist, liegt es nicht daran, dass Gott es nicht will. Es liegt daran, dass du nicht verstanden hast, wie du empfängst. Es gibt in deinem Leben Dinge (einige davon haben wir vielleicht in diesem Buch besprochen), die dich behindern. Vielleicht hast du Negatives gesprochen. Du hast geklagt, genörgelt und das wiederholt, was der Arzt dir gesagt hat, anstatt auszusprechen, was Gott zu sagen hat. Vielleicht lässt du dich mehr vom Arztbericht beeinflussen als von Gottes Bericht in der Bibel. Du musst beginnen das zu proklamieren, was Gott in seinem Wort sagt.

Du musst zu deinem Berg sprechen – direkt zu deinem Problem. Du musst deinen Glauben in die Tat umsetzen. Du musst die Liebe Gottes verstehen und anfangen, in Vergebung zu leben. Sei entschlossen genug, dass nichts dich davon abhalten kann, im Glauben zu empfangen, was Gott bereitgestellt hat. Solange du ohne Heilung leben kannst, wirst du es auch. Aber sobald du beschlossen hast, dass du nicht länger auf diese Weise leben willst, wird sich etwas ändern.

MEIN GEBET FÜR DEINE HEILUNG

Gott ist ein guter Gott. Er hat schon alles bereitgestellt, was du brauchst – einschließlich Heilung. Gesundheit ist Gottes Wille für dich. Er ist auf deiner Seite. Wenn du es ihm erlaubst, wird er dich in alle Wahrheit leiten und dir zeigen, was du tun musst, um deine Heilung empfangen zu können.

Ich möchte nun, als Freund, für dich beten.

»Vater, ich bete nun für diese Person, die gerade dieses Buch liest und dein Kind ist. Ich weiß, dass Heilung dein Wille für dein Kind ist. Ich weiß, dass du es bereits vollbracht hast, denn durch deine Striemen ist dein Kind bereits geheilt worden (1Petr 2,24). Herr, du hast die Heilungskraft bereits generiert. Sie ist da. Wir müssen nur den Schalter betätigen. Es ist nur eine Frage des Lernens und der Veränderung unseres Denkens. Vater, ich bete, dass der Heilige Geist jetzt die Veränderungen in deinem Kind anregt, die es braucht, um zu empfangen, was du bereits vollbracht hast.

Dein Wort sagt, dass uns durch die Erkenntnis Jesu bereits alles geschenkt ist, was zum Leben und zum Wandel in Gottesfurcht dient (2Petr 1,3). Vater, ich bete, dass du dein Kind nun mit dem Wissen erfüllst, das es gerade benötigt, um deine Heilungskraft freizusetzen und zu erfahren.

Im Namen Jesu sprechen wir nun zu diesem Problem. Wir befehlen, dass jede Art von Tumor, Krebs oder anderen Krankheiten, die in den Körper deines Kindes eingedrungen sind, jetzt absterben. Bakterien, Viren, Infektionen und

Ähnliches sterben im Namen Jesu. Vater, wir lösen den Strom deiner Salbung in seinem Körper, um allen Schmerz und alle anderen Probleme zu beseitigen. Wir gehen an die Wurzel des Problems und befehlen, dass diese Dinge geheilt sind.

In Jesu Namen befehle ich, dass Furcht verschwindet, Glaube kommt und Liebe fließt. Vater, wir machen uns eins mit dir, dass wir geheilt worden sind, und wenn wir bereits geheilt worden sind (Vergangenheitsform), dann sind wir auch heute und jetzt geheilt (Gegenwart). Vater, wir danken dir, dass du uns gesund sehen willst. Wir empfangen dies in Jesu Namen. Amen.«

WILL GOTT IMMER HEILEN?

Es gibt 17 Stellen in den Evangelien, wo Jesus alle Kranken heilte, die anwesend waren. Es gibt 47 weitere Stellen, wo er einen oder zwei Menschen gleichzeitig heilte. Wir finden keine einzige Stelle, wo der Herr jemandem die Heilung verwehrt hat.

Tatsächlich erklärte Jesus, dass er nichts aus sich selbst tun konnte, sondern nur, was er den Vater tun sah.

> *Da antwortete Jesus und sprach zu ihnen: Wahrlich, wahrlich, ich sage euch: Der Sohn kann nichts von sich selbst aus tun, sondern nur, was er den Vater tun sieht; denn was dieser tut, das tut gleicherweise auch der Sohn.*
> *— Johannes 5,19*

> *Darum sprach Jesus zu ihnen: Wenn ihr den Sohn des Menschen erhöht haben werdet, dann werdet ihr erkennen, dass ich es bin; und ich tue nichts von mir selbst aus, sondern wie mich mein Vater gelehrt hat, so rede ich. Und der, welcher mich gesandt hat, ist mit mir; der Vater lässt mich nicht allein, denn ich tue allezeit, was ihm wohlgefällt.*
> *— Johannes 8,28–29*

Im Licht dieser Aussagen sind die Taten Jesu Beweis genug, dass Gott *immer* heilen will!

BIBELSTELLEN

An 17 Stellen in den Evangelien heilte Jesus alle Kranken, die anwesend waren:

1. *Und Jesus durchzog ganz Galiläa, lehrte in ihren Synagogen und verkündigte das Evangelium von dem Reich und heilte alle Krankheiten und alle Gebrechen im Volk. Und sein Ruf verbreitete sich in ganz Syrien; und sie brachten alle Kranken zu ihm, die von mancherlei Krankheiten und Schmerzen geplagt waren, und Besessene und Mondsüchtige und Lahme; und er heilte sie. — Matthäus 4,23–24*

2. *Als es aber Abend geworden war, brachten sie viele Besessene zu ihm, und er trieb die Geister aus mit einem Wort und heilte alle Kranken, damit erfüllt würde, was durch den Propheten Jesaja gesagt ist, der spricht: »Er hat unsere Gebrechen weggenommen und unsere Krankheiten getragen«. — Matthäus 8,16–17*

3. *Und Jesus durchzog alle Städte und Dörfer, lehrte in ihren Synagogen, verkündigte das Evangelium von dem Reich und heilte jede Krankheit und jedes Gebrechen im Volk. — Matthäus 9,35*

4. *Jesus aber zog sich von dort zurück, als er es bemerkte. Und es folgte ihm eine große Menge nach, und er heilte sie alle. — Matthäus 12,15*

5. *Als nun Jesus ausstieg, sah er eine große Menge; und er erbarmte sich über sie und heilte ihre Kranken. — Matthäus 14,14*

6. *Und sie fuhren hinüber und kamen in das Land Genezareth. Und als ihn die Männer dieser Gegend erkannten, sandten sie in die ganze Umgebung und brachten alle Kranken zu ihm. Und sie baten ihn, dass sie nur den Saum seines Gewandes anrühren dürften; und alle, die ihn anrührten, wurden ganz gesund. — Matthäus 14,34–36*

7. *Und es kamen große Volksmengen zu ihm, die hatten Lahme, Blinde, Stumme, Krüppel und viele andere bei sich. Und sie legten sie zu Jesu Füßen, und er heilte sie, sodass sich die Menge verwunderte, als sie sah, dass Stumme redeten, Krüppel gesund wurden, Lahme gingen und Blinde sehend wurden; und sie priesen den Gott Israels. — Matthäus 15,30–31*

8. *Und es folgte ihm eine große Volksmenge nach, und er heilte sie dort. — Matthäus 19,2*

9. *Und es kamen Blinde und Lahme im Tempel zu ihm, und er heilte sie. — Matthäus 21,14*

10. *Als es aber Abend geworden und die Sonne untergegangen war, brachten sie alle Kranken und Besessenen zu ihm. Und die ganze Stadt war vor der Tür versammelt. Und er heilte viele, die an mancherlei Krankheiten litten, und trieb viele Dämonen aus und ließ die Dämonen nicht reden, denn sie kannten ihn. — Markus 1,32–34*

11. *Und er verkündigte in ihren Synagogen in ganz Galiläa und trieb die Dämonen aus. — Markus 1,39*

12. *Und wo er in Dörfer oder Städte oder Gehöfte einkehrte, da legten sie die Kranken auf die freien Plätze und baten ihn, dass sie nur den Saum seines Gewandes anrühren dürften. Und alle, die ihn anrührten, wurden gesund. — Markus 6,56*

13. *Als aber die Sonne unterging, brachten alle, die Kranke hatten mit mancherlei Gebrechen, sie zu ihm, und er legte einem jeden von ihnen die Hände auf und heilte sie. — Lukas 4,40*

14. *Und er stieg mit ihnen hinab und stellte sich auf einen ebenen Platz mit einer Menge seiner Jünger und einer großen Menge Volkes aus ganz Judäa und von Jerusalem und von der Meeresküste von Tyrus und Zidon, die gekommen waren, um ihn zu hören und geheilt zu werden von ihren Krankheiten, auch die, welche von unreinen Geistern geplagt waren; und sie wurden geheilt. Und die ganze Volksmenge suchte ihn anzurühren, denn Kraft ging von ihm aus und heilte alle. — Lukas 6,17–19*

15. *Zu derselben Stunde aber heilte er viele von Krankheiten und Plagen und bösen Geistern und schenkte vielen Blinden das Augenlicht. — Lukas 7,21*

16. *Als aber die Volksmenge es erfuhr, folgten sie ihm nach; und er nahm sie auf und redete zu ihnen vom Reich Gottes, und die, welche Heilung brauchten, machte er gesund. — Lukas 9,11*

17. *Und bei seiner Ankunft in einem Dorf begegneten ihm zehn aussätzige Männer, die von ferne stehen blieben. Und sie erhoben ihre Stimme und sprachen: Jesus, Meister, erbarme dich über uns! Und als er sie sah, sprach er zu ihnen: Geht hin und zeigt euch den Priestern! Und es geschah, während sie hingingen, wurden sie rein. Einer aber von ihnen kehrte wieder um, als er sah, dass er geheilt worden war, und pries Gott mit lauter Stimme, warf sich auf sein Angesicht zu [Jesu] Füßen und dankte ihm; und das war ein Samariter. Da antwortete Jesus und sprach: Sind nicht zehn rein geworden? Wo sind aber die neun? — Lukas 17,12–17*

47 andere Stellen in den Evangelien zeigen Jesus, wie er einen oder zwei Menschen gleichzeitig heilt:

1. *Als er aber von dem Berg herabstieg, folgte ihm eine große Volksmenge nach. Und siehe, ein Aussätziger kam, fiel vor ihm nieder und sprach: Herr, wenn du willst, kannst du mich reinigen! Und Jesus streckte die Hand aus, rührte ihn an und sprach: Ich will; sei gereinigt! Und sogleich wurde er von seinem Aussatz rein. Und Jesus spricht zu ihm: Sieh zu, dass du es niemand sagst; sondern geh hin, zeige dich dem Priester und bringe das Opfer dar, das Mose befohlen hat, ihnen zum Zeugnis! — Matthäus 8,1–4*

2. *Als Jesus aber nach Kapernaum kam, trat ein Hauptmann zu ihm, bat ihn und sprach: Herr, mein Knecht liegt daheim gelähmt danieder und ist furchtbar geplagt! Und Jesus spricht zu ihm: Ich will kommen und ihn heilen! Der Hauptmann antwortete und sprach: Herr, ich bin nicht wert, dass du unter*

mein Dach kommst, sondern sprich nur ein Wort, so wird mein Knecht gesund werden! Denn auch ich bin ein Mensch, der unter Vorgesetzten steht, und habe Kriegsknechte unter mir; und wenn ich zu diesem sage: Geh hin!, so geht er; und zu einem anderen: Komm her!, so kommt er; und zu meinem Knecht: Tu das!, so tut er's. Als Jesus das hörte, verwunderte er sich und sprach zu denen, die nachfolgten: Wahrlich, ich sage euch: Einen so großen Glauben habe ich in Israel nicht gefunden! Ich sage euch aber: Viele werden kommen vom Osten und vom Westen und werden im Reich der Himmel mit Abraham, Isaak und Jakob zu Tisch sitzen, aber die Kinder des Reiches werden in die äußerste Finsternis hinausgeworfen werden; dort wird Heulen und Zähneknirschen sein. Und Jesus sprach zu dem Hauptmann: Geh hin, und dir geschehe, wie du geglaubt hast! Und sein Knecht wurde in derselben Stunde gesund. — Matthäus 8,5–13

3. *Und als Jesus in das Haus des Petrus kam, sah er, dass dessen Schwiegermutter daniederlag und Fieber hatte. Und er rührte ihre Hand an; und das Fieber verließ sie, und sie stand auf und diente ihnen. — Matthäus 8,14–15*

4. *Und als er ans jenseitige Ufer in das Gebiet der Gergesener kam, liefen ihm zwei Besessene entgegen, die kamen aus den Gräbern heraus und waren sehr gefährlich, sodass niemand auf jener Straße wandern konnte. Und siehe, sie schrien und sprachen: Was haben wir mit dir zu tun, Jesus, du Sohn Gottes? Bist du hierhergekommen, um uns vor der Zeit zu quälen? Es war aber fern von ihnen eine große Herde Schweine auf der Weide. Und die Dämonen baten ihn und sprachen: Wenn du uns austreibst, so erlaube uns, in die Schweineherde*

zu fahren! Und er sprach zu ihnen: Geht hin! Da fuhren sie aus und fuhren in die Schweineherde. Und siehe, die ganze Schweineherde stürzte sich den Abhang hinunter in den See, und sie kamen im Wasser um. Die Hirten aber flohen, gingen in die Stadt und verkündeten alles, auch was mit den Besessenen vorgegangen war. Und siehe, die ganze Stadt kam heraus, Jesus entgegen. Und als sie ihn sahen, baten sie ihn, aus ihrem Gebiet wegzugehen. — Matthäus 8,28–34

5. *Und er trat in das Schiff, fuhr hinüber und kam in seine Stadt. Und siehe, da brachten sie einen Gelähmten zu ihm, der auf einer Liegematte lag. Und als Jesus ihren Glauben sah, sprach er zu dem Gelähmten: Sei getrost, mein Sohn, deine Sünden sind dir vergeben! Und siehe, etliche der Schriftgelehrten sprachen bei sich selbst: Dieser lästert! Und da Jesus ihre Gedanken sah, sprach er: Warum denkt ihr Böses in euren Herzen? Was ist denn leichter, zu sagen: Deine Sünden sind dir vergeben! oder zu sagen: Steh auf und geh umher? Damit ihr aber wisst, dass der Sohn des Menschen Vollmacht hat, auf Erden Sünden zu vergeben – sprach er zu dem Gelähmten: Steh auf, nimm deine Liegematte und geh heim! Und er stand auf und ging heim. Als aber die Volksmenge das sah, verwunderte sie sich und pries Gott, der solche Vollmacht den Menschen gegeben hatte. — Matthäus 9,1–8*

6. *Und siehe, eine Frau, die zwölf Jahre blutflüssig war, trat von hinten herzu und rührte den Saum seines Gewandes an. Denn sie sagte bei sich selbst: Wenn ich nur sein Gewand anrühre, so bin ich geheilt! Jesus aber wandte sich um, sah sie und sprach: Sei getrost, meine Tochter! Dein Glaube hat dich gerettet! Und die Frau war geheilt von jener Stunde an. — Matthäus 9,20–22*

7. *Als nun Jesus in das Haus des Vorstehers kam und die Pfeifer und das Getümmel sah, spricht er zu ihnen: Entfernt euch! Denn das Mädchen ist nicht gestorben, sondern es schläft. Und sie lachten ihn aus. Als aber die Menge hinausgetrieben war, ging er hinein und ergriff ihre Hand; und das Mädchen stand auf. Und die Nachricht hiervon verbreitete sich in jener ganzen Gegend. — Matthäus 9,23–26*

8. *Und als Jesus von dort weiterging, folgten ihm zwei Blinde nach, die schrien und sprachen: Du Sohn Davids, erbarme dich über uns! Als er nun ins Haus kam, traten die Blinden zu ihm. Und Jesus fragte sie: Glaubt ihr, dass ich dies tun kann? Sie sprachen zu ihm: Ja, Herr! Da rührte er ihre Augen an und sprach: Euch geschehe nach eurem Glauben! Und ihre Augen wurden geöffnet. Und Jesus ermahnte sie ernstlich und sprach: Seht zu, dass es niemand erfährt! Sie aber gingen hinaus und machten ihn in jener ganzen Gegend bekannt. — Matthäus 9,27–31*

9. *Als sie aber hinausgingen, siehe, da brachte man einen Menschen zu ihm, der stumm und besessen war. Und nachdem der Dämon ausgetrieben war, redete der Stumme. Und die Volksmenge verwunderte sich und sprach: So etwas ist noch nie in Israel gesehen worden. — Matthäus 9,32–33*

10. *Und siehe, da war ein Mensch, der hatte eine verdorrte Hand. Und sie fragten ihn und sprachen: Darf man am Sabbat heilen?, damit sie ihn verklagen könnten. Er aber sprach zu ihnen: Welcher Mensch ist unter euch, der ein Schaf hat und, wenn es am Sabbat in eine Grube fällt, es nicht ergreift und herauszieht? Wie viel mehr ist nun ein Mensch wert als ein Schaf! Darum darf man am Sabbat wohl Gutes tun. Dann sprach er zu dem*

Menschen: Strecke deine Hand aus! Und er streckte sie aus, und sie wurde gesund wie die andere. — Matthäus 12,10–13

11. *Da wurde ein Besessener zu ihm gebracht, der blind und stumm war, und er heilte ihn, sodass der Blinde und Stumme sowohl redete als auch sah. Und die Volksmenge staunte und sprach: Ist dieser nicht etwa der Sohn Davids? — Matthäus 12,22–23*

12. *Und Jesus ging von dort weg und zog sich in die Gegend von Tyrus und Zidon zurück. Und siehe, eine kanaanäische Frau kam aus jener Gegend, rief ihn an und sprach: Erbarme dich über mich, Herr, du Sohn Davids! Meine Tochter ist schlimm besessen! Er aber antwortete ihr nicht ein Wort. Da traten seine Jünger herzu, baten ihn und sprachen: Fertige sie ab, denn sie schreit uns nach! Er aber antwortete und sprach: Ich bin nur gesandt zu den verlorenen Schafen des Hauses Israel. Da kam sie, fiel vor ihm nieder und sprach: Herr, hilf mir! Er aber antwortete und sprach: Es ist nicht recht, dass man das Brot der Kinder nimmt und es den Hunden vorwirft. Sie aber sprach: Ja, Herr; und doch essen die Hunde von den Brosamen, die vom Tisch ihrer Herren fallen! Da antwortete Jesus und sprach zu ihr: O Frau, dein Glaube ist groß; dir geschehe, wie du willst! Und ihre Tochter war geheilt von jener Stunde an. — Matthäus 15,21–28*

13. *Und als sie zur Volksmenge kamen, trat ein Mensch zu ihm, fiel vor ihm auf die Knie und sprach: Herr, erbarme dich über meinen Sohn, denn er ist mondsüchtig und leidet schwer; er fällt nämlich oft ins Feuer und oft ins Wasser! Und ich habe ihn zu deinen Jüngern gebracht, aber sie konnten ihn nicht heilen. Da antwortete Jesus und sprach: O du ungläubiges und* *verkehrtes Geschlecht! Wie lange soll ich bei euch sein? Wie lange soll ich euch ertragen? Bringt ihn her zu mir! Und Jesus befahl dem Dämon, und er fuhr von ihm aus, und der Knabe war gesund von jener Stunde an. — Matthäus 17,14–18*

14. *Und siehe, zwei Blinde saßen am Weg. Als sie hörten, dass Jesus vorüberziehe, riefen sie und sprachen: Herr, du Sohn Davids, erbarme dich über uns! Aber das Volk gebot ihnen, sie sollten schweigen. Sie aber riefen nur noch mehr und sprachen: Herr, du Sohn Davids, erbarme dich über uns! Und Jesus stand still, rief sie und sprach: Was wollt ihr, dass ich euch tun soll? Sie sagten zu ihm: Herr, dass unsere Augen geöffnet werden! Da erbarmte sich Jesus über sie und rührte ihre Augen an, und sogleich wurden ihre Augen wieder sehend, und sie folgten ihm nach. — Matthäus 20,30–34*

15. *Und sie begaben sich nach Kapernaum; und er ging am Sabbat sogleich in die Synagoge und lehrte. Und sie erstaunten über seine Lehre; denn er lehrte sie wie einer, der Vollmacht hat, und nicht wie die Schriftgelehrten. Und es war in ihrer Synagoge ein Mensch mit einem unreinen Geist, der schrie und sprach: Lass ab! Was haben wir mit dir zu tun, Jesus, du Nazarener? Bist du gekommen, um uns zu verderben? Ich weiß, wer du bist: der Heilige Gottes! Aber Jesus befahl ihm und sprach: Verstumme und fahre aus von ihm! Da zerrte ihn der unreine Geist hin und her, schrie mit lauter Stimme und fuhr von ihm aus. Und sie erstaunten alle, sodass sie sich untereinander fragten und sprachen: Was ist das? Was für eine neue Lehre ist dies? Mit Vollmacht gebietet er auch den unreinen Geistern, und sie gehorchen ihm! Und das Gerücht von ihm verbreitete sich sogleich in das ganze umliegende Gebiet von Galiläa. — Markus 1,21–28*

16. *Und sogleich verließen sie die Synagoge und gingen mit Jakobus und Johannes in das Haus des Simon und Andreas. Simons Schwiegermutter aber lag krank am Fieber danieder, und sogleich sagten sie ihm von ihr. Und er trat hinzu, ergriff ihre Hand und richtete sie auf; und das Fieber verließ sie sogleich, und sie diente ihnen. — Markus 1,29–31*

17. *Und es kam ein Aussätziger zu ihm, bat ihn, fiel vor ihm auf die Knie und sprach zu ihm: Wenn du willst, kannst du mich reinigen! Da erbarmte sich Jesus über ihn, streckte die Hand aus, rührte ihn an und sprach zu ihm: Ich will; sei gereinigt! Und während er redete, wich der Aussatz sogleich von ihm, und er wurde rein. Und er ermahnte ihn ernstlich und schickte ihn sogleich fort und sprach zu ihm: Hab acht, sage niemand etwas; sondern geh hin, zeige dich dem Priester und opfere für deine Reinigung, was Mose befohlen hat, ihnen zum Zeugnis! Er aber ging und fing an, es vielfach zu verkündigen und breitete die Sache überall aus, sodass Jesus nicht mehr öffentlich in eine Stadt hineingehen konnte, sondern er war draußen an einsamen Orten; und sie kamen von allen Seiten zu ihm. — Markus 1,40–45*

18. *Und nach etlichen Tagen ging er wieder nach Kapernaum; und als man hörte, dass er im Haus sei, da versammelten sich sogleich viele, sodass kein Platz mehr war, auch nicht draußen bei der Tür; und er verkündigte ihnen das Wort. Und etliche kamen zu ihm und brachten einen Gelähmten, der von vier Leuten getragen wurde. Und da sie wegen der Menge nicht zu ihm herankommen konnten, deckten sie dort, wo er war, das Dach ab, und nachdem sie es aufgebrochen hatten, ließen sie die Liegematte herab, auf welcher der Gelähmte lag. Als aber Jesus ihren Glauben sah, sprach er zu dem Gelähmten: Sohn, deine*

Sünden sind dir vergeben! Es saßen aber dort etliche von den Schriftgelehrten, die dachten in ihren Herzen: Was redet dieser solche Lästerung? Wer kann Sünden vergeben als nur Gott allein? Und sogleich erkannte Jesus in seinem Geist, dass sie so bei sich dachten, und sprach zu ihnen: Warum denkt ihr dies in euren Herzen? Was ist leichter, zu dem Gelähmten zu sagen: Dir sind die Sünden vergeben! oder zu sagen: Steh auf und nimm deine Liegematte und geh umher? Damit ihr aber wisst, dass der Sohn des Menschen Vollmacht hat, auf Erden Sünden zu vergeben – sprach er zu dem Gelähmten: Ich sage dir, steh auf und nimm deine Liegematte und geh heim! Und er stand sogleich auf, nahm seine Liegematte und ging vor aller Augen hinaus, sodass sie alle erstaunten, Gott priesen und sprachen: So etwas haben wir noch nie gesehen. — Markus 2,1–12

19. *Und er ging wiederum in die Synagoge. Und es war dort ein Mensch, der hatte eine verdorrte Hand. Und sie lauerten ihm auf, ob er ihn am Sabbat heilen würde, damit sie ihn verklagen könnten. Und er spricht zu dem Menschen, der die verdorrte Hand hatte: Steh auf und tritt in die Mitte! Und er spricht zu ihnen: Darf man am Sabbat Gutes tun oder Böses tun, das Leben retten oder töten? Sie aber schwiegen. Und indem er sie ringsumher mit Zorn ansah, betrübt wegen der Verstocktheit ihres Herzens, sprach er zu dem Menschen: Strecke deine Hand aus! Und er streckte sie aus, und seine Hand wurde wieder gesund wie die andere. — Markus 3,1–5*

20. *Und sie kamen ans andere Ufer des Sees in das Gebiet der Gadarener. Und als er aus dem Schiff gestiegen war, lief ihm sogleich aus den Gräbern ein Mensch mit einem unreinen Geist entgegen, der seine Wohnung in den Gräbern hatte. Und* *selbst mit Ketten konnte niemand ihn binden, denn schon oft war er mit Fußfesseln und Ketten gebunden worden, aber die Ketten wurden von ihm zerrissen und die Fußfesseln zerrieben; und niemand konnte ihn bändigen. Und er war allezeit, Tag und Nacht, auf den Bergen und in den Gräbern, schrie und schlug sich selbst mit Steinen. Als er aber Jesus von ferne sah, lief er und warf sich vor ihm nieder, schrie mit lauter Stimme und sprach: Jesus, du Sohn Gottes, des Höchsten, was habe ich mit dir zu tun? Ich beschwöre dich bei Gott, dass du mich nicht quälst! Denn Er sprach zu ihm: Fahre aus dem Menschen aus, du unreiner Geist! Und er fragte ihn: Was ist dein Name? Und er antwortete und sprach: Legion ist mein Name; denn wir sind viele! Und er bat ihn sehr, sie nicht aus dem Land zu verweisen. Es war aber dort an den Bergen eine große Herde Schweine zur Weide. Und die Dämonen baten ihn alle und sprachen: Schicke uns in die Schweine, damit wir in sie fahren! Und sogleich erlaubte es ihnen Jesus. Und die unreinen Geister fuhren aus und fuhren in die Schweine. Und die Herde stürzte sich den Abhang hinunter in den See. Es waren aber etwa 2000, und sie ertranken im See. Die Schweinehirten aber flohen und verkündeten es in der Stadt und auf dem Land. Und sie gingen hinaus, um zu sehen, was da geschehen war. Und sie kamen zu Jesus und sahen den Besessenen, der die Legion gehabt hatte, dasitzen, bekleidet und vernünftig; und sie fürchteten sich. Und die es gesehen hatten, erzählten ihnen, wie es mit dem Besessenen zugegangen war, und von den Schweinen. Da begannen sie ihn zu bitten, er möge aus ihrem Gebiet weggehen. Und als er in das Schiff trat, bat ihn der besessen Gewesene, dass er bei ihm bleiben dürfe. Aber Jesus ließ es ihm nicht zu, sondern sprach zu ihm: Geh in dein Haus, zu den Deinen, und verkündige ihnen, welch große Dinge der Herr an dir getan und wie er sich über dich erbarmt hat! Und er ging hin und fing an, im Gebiet der Zehn Städte zu verkündigen, welch große Dinge Jesus an ihm getan hatte; und jedermann verwunderte sich. — Markus 5,1–20*

21. *Und da war eine gewisse Frau, die hatte seit zwölf Jahren den Blutfluss, und sie hatte viel erlitten von vielen Ärzten und all ihr Gut aufgewendet, ohne dass es ihr geholfen hätte – es war vielmehr noch schlimmer mit ihr geworden. Als sie nun von Jesus hörte, kam sie unter dem Volk von hinten heran und rührte sein Gewand an. Denn sie sagte sich: Wenn ich nur sein Gewand anrühre, so werde ich geheilt! Und sogleich vertrocknete der Quell ihres Blutes, und sie merkte es am Leib, dass sie von der Plage geheilt war. Jesus aber, der in sich selbst erkannt hatte, dass eine Kraft von ihm ausgegangen war, wandte sich sogleich inmitten der Menge um und sprach: Wer hat mein Gewand angerührt? Da sprachen seine Jünger zu ihm: Du siehst, wie das Volk dich drängt, und sprichst: Wer hat mich angerührt? Und er sah sich um nach der, die das getan hatte. Aber die Frau kam mit Furcht und Zittern, weil sie wusste, was an ihr geschehen war, und warf sich vor ihm nieder und sagte ihm die ganze Wahrheit. Er aber sprach zu ihr: Tochter, dein Glaube hat dich gerettet! Geh hin im Frieden und sei von deiner Plage gesund. — Markus 5,25–34*

22. *Während er noch redete, kamen etliche von den Leuten des Obersten der Synagoge und sprachen: Deine Tochter ist gestorben, was bemühst du den Meister noch? Sobald aber Jesus das Wort hörte, das sie redeten, sprach er zum Obersten der Synagoge: Fürchte dich nicht, glaube nur! Und er ließ niemand mitgehen als Petrus und Jakobus und Johannes, den*

Bruder des Jakobus. Und er kommt in das Haus des Obersten der Synagoge und sieht das Getümmel, wie sehr sie weinten und heulten. Und er geht hinein und spricht zu ihnen: Was lärmt ihr so und weint? Das Kind ist nicht gestorben, sondern es schläft! Und sie lachten ihn aus. Nachdem er aber alle hinausgetrieben hatte, nahm er den Vater und die Mutter des Kindes mit sich und die, welche bei ihm waren, und ging hinein, wo das Kind lag. Und er ergriff die Hand des Kindes und sprach zu ihm: Talita kumi!, das heißt übersetzt: Mädchen, ich sage dir, steh auf! Und sogleich stand das Mädchen auf und ging umher; es war nämlich zwölf Jahre alt. Und sie gerieten außer sich vor Staunen. Und er gebot ihnen ernstlich, dass es niemand erfahren dürfe, und befahl, man solle ihr zu essen geben. — Markus 5,35–43

23. *Und er brach auf von dort und begab sich in die Gegend von Tyrus und Zidon und trat in das Haus, wollte aber nicht, dass es jemand erfuhr, und konnte doch nicht verborgen bleiben. Denn eine Frau hatte von ihm gehört, deren Tochter einen unreinen Geist hatte, und sie kam und fiel ihm zu Füßen – die Frau war aber eine Griechin, aus Syrophönizien gebürtig –, und sie bat ihn, den Dämon aus ihrer Tochter auszutreiben. Aber Jesus sprach zu ihr: Lass zuvor die Kinder satt werden! Denn es ist nicht recht, dass man das Brot der Kinder nimmt und es den Hunden hinwirft! Sie aber antwortete und sprach zu ihm: Ja, Herr; und doch essen die Hunde unter dem Tisch von den Brosamen der Kinder! Und er sprach zu ihr: Um dieses Wortes willen geh hin; der Dämon ist aus deiner Tochter ausgefahren! Und als sie in ihr Haus kam, fand sie, dass der Dämon ausgefahren war und die Tochter auf dem Bett lag. — Markus 7,24–30*

24. *Und er verließ das Gebiet von Tyrus und Zidon wieder und begab sich zum See von Galiläa, mitten durch das Gebiet der Zehn Städte. Und sie brachten einen Tauben zu ihm, der kaum reden konnte, und baten ihn, ihm die Hand aufzulegen. Und er nahm ihn beiseite, weg von der Volksmenge, legte seine Finger in seine Ohren und berührte seine Zunge mit Speichel. Dann blickte er zum Himmel auf, seufzte und sprach zu ihm: Ephata!, das heißt: Tu dich auf! Und sogleich wurden seine Ohren aufgetan und das Band seiner Zunge gelöst, und er redete richtig. Und er gebot ihnen, sie sollten es niemand sagen; aber je mehr er es ihnen gebot, desto mehr machten sie es bekannt. Und sie erstaunten über die Maßen und sprachen: Er hat alles wohl gemacht! Die Tauben macht er hören und die Sprachlosen reden. — Markus 7,31–37*

25. *Und er kommt nach Bethsaida; und man bringt einen Blinden zu ihm und bittet ihn, dass er ihn anrühre. Und er nahm den Blinden bei der Hand und führte ihn vor das Dorf hinaus, spie ihm in die Augen, legte ihm die Hände auf und fragte ihn, ob er etwas sehe. Und er blickte auf und sprach: Ich sehe die Leute, als sähe ich wandelnde Bäume! Hierauf legte er noch einmal die Hände auf seine Augen und ließ ihn aufblicken; und er wurde wiederhergestellt und sah jedermann deutlich. Und er schickte ihn in sein Haus und sprach: Du sollst nicht ins Dorf hineingehen, noch es jemand im Dorf sagen. — Markus 8,22–26*

26. *Und als er zu den Jüngern kam, sah er eine große Volksmenge um sie her und Schriftgelehrte, die sich mit ihnen stritten. Und die ganze Volksmenge geriet sogleich in Bewegung, als sie ihn sah, und sie liefen herzu und begrüßten ihn. Und er fragte die Schriftgelehrten: Was streitet ihr euch mit ihnen? Und*

einer aus der Menge antwortete und sprach: Meister, ich habe meinen Sohn zu dir gebracht, der hat einen sprachlosen Geist; und wo immer der ihn ergreift, da wirft er ihn nieder, und er schäumt und knirscht mit seinen Zähnen und wird starr. Und ich habe deinen Jüngern gesagt, sie sollten ihn austreiben; aber sie konnten es nicht! Er aber antwortete ihm und sprach: O du ungläubiges Geschlecht! Wie lange soll ich bei euch sein? Wie lange soll ich euch ertragen? Bringt ihn her zu mir! Und sie brachten ihn zu ihm. Und sobald der Geist ihn sah, zerrte er ihn, und er fiel auf die Erde, wälzte sich und schäumte. Und er fragte seinen Vater: Wie lange geht es ihm schon so? Er sprach: Von Kindheit an; und er hat ihn oft ins Feuer und ins Wasser geworfen, um ihn umzubringen; doch wenn du etwas kannst, so erbarme dich über uns und hilf uns! Jesus aber sprach zu ihm: Wenn du glauben kannst – alles ist möglich dem, der glaubt! Und sogleich rief der Vater des Knaben mit Tränen und sprach: Ich glaube, Herr; hilf mir, loszukommen von meinem Unglauben! Da nun Jesus eine Volksmenge herbeilaufen sah, befahl er dem unreinen Geist und sprach zu ihm: Du sprachloser und tauber Geist, ich gebiete dir: Fahre aus von ihm und fahre nicht mehr in ihn hinein! Da schrie er und zerrte ihn heftig und fuhr aus; und er wurde wie tot, sodass viele sagten: Er ist tot! Aber Jesus ergriff ihn bei der Hand und richtete ihn auf; und er stand auf. Und als er in ein Haus getreten war, fragten ihn seine Jünger für sich allein: Warum konnten wir ihn nicht austreiben? Und er sprach zu ihnen: Diese Art kann durch nichts ausfahren außer durch Gebet und Fasten. — Markus 9,14–29

27. *Und sie kommen nach Jericho. Und als er von Jericho auszog samt seinen Jüngern und einer großen Volksmenge, saß ein*

Sohn des Timäus, Bartimäus der Blinde, am Weg und bettelte. Und als er hörte, dass es Jesus, der Nazarener war, begann er zu rufen und sprach: Jesus, du Sohn Davids, erbarme dich über mich! Und es geboten ihm viele, er solle schweigen; er aber rief noch viel mehr: Du Sohn Davids, erbarme dich über mich! Und Jesus stand still und ließ ihn [zu sich] rufen. Da riefen sie den Blinden und sprachen zu ihm: Sei getrost, steh auf; er ruft dich! Er aber warf seinen Mantel ab, stand auf und kam zu Jesus. Und Jesus begann und sprach zu ihm: Was willst du, dass ich dir tun soll? Der Blinde sprach zu ihm: Rabbuni, dass ich sehend werde! Da sprach Jesus zu ihm: Geh hin; dein Glaube hat dich gerettet! Und sogleich wurde er sehend und folgte Jesus nach auf dem Weg. — Markus 10,46–52

28. *Und in der Synagoge war ein Mensch, der den Geist eines unreinen Dämonen hatte. Und er schrie mit lauter Stimme und sprach: Lass ab! Was haben wir mit dir zu tun, Jesus, du Nazarener? Bist du gekommen, um uns zu verderben? Ich weiß, wer du bist: der Heilige Gottes! Und Jesus befahl ihm und sprach: Verstumme und fahre aus von ihm! Da warf ihn der Dämon mitten unter sie und fuhr aus von ihm und tat ihm keinen Schaden. Und ein Entsetzen kam über alle, und sie redeten untereinander und sprachen: Was ist das für ein Wort, dass er mit Vollmacht und Kraft den unreinen Geistern gebietet und sie ausfahren? Und sein Ruf verbreitete sich in alle Orte der umliegenden Gegend. — Lukas 4,33–37*

29. *Und er stand auf und ging aus der Synagoge in das Haus des Simon. Simons Schwiegermutter aber war von einem heftigen Fieber befallen, und sie baten ihn für sie. Und er trat zu ihr,* *neigte sich über sie und befahl dem Fieber, und es verließ sie. Und sogleich stand sie auf und diente ihnen. — Lukas 4,38–39*

30. *Und es begab sich, als er in einer der Städte war, siehe, da war ein Mann voll Aussatz. Und als er Jesus sah, fiel er auf sein Angesicht, bat ihn und sprach: Herr, wenn du willst, so kannst du mich reinigen! Da streckte er die Hand aus, rührte ihn an und sprach: Ich will; sei gereinigt! Und sogleich wich der Aussatz von ihm. Und er befahl ihm, es niemand zu sagen: Geh vielmehr hin, zeige dich dem Priester und opfere für deine Reinigung, wie Mose befohlen hat, ihnen zum Zeugnis! Aber die Nachricht von ihm breitete sich desto mehr aus; und große Volksmengen kamen zusammen, um ihn zu hören und durch ihn von ihren Krankheiten geheilt zu werden. — Lukas 5,12–15*

31. *Und es begab sich an einem Tag, dass er lehrte; und es saßen Pharisäer da und Gesetzeslehrer, die aus allen Dörfern von Galiläa und Judäa und von Jerusalem gekommen waren; und die Kraft des Herrn war da, um sie zu heilen. Und siehe, Männer trugen auf einer Liegematte einen Menschen, der gelähmt war; und sie versuchten ihn hineinzubringen und vor ihn zu legen. Und da sie wegen der Menge keine Möglichkeit fanden, ihn hineinzubringen, stiegen sie auf das Dach und ließen ihn mit der Liegematte durch die Ziegel hinunter in die Mitte vor Jesus. Und als er ihren Glauben sah, sprach er zu ihm: Mensch, deine Sünden sind dir vergeben! Und die Schriftgelehrten und Pharisäer fingen an, sich Gedanken zu machen, und sprachen: Wer ist dieser, der solche Lästerungen ausspricht? Wer kann Sünden vergeben als nur Gott allein? Da aber Jesus ihre Gedanken erkannte, antwortete er und sprach zu ihnen: Was denkt ihr in euren Herzen? Was ist leichter, zu* *sagen: Deine Sünden sind dir vergeben!, oder zu sagen: Steh auf und geh umher? Damit ihr aber wisst, dass der Sohn des Menschen Vollmacht hat, auf Erden Sünden zu vergeben – sprach er zu dem Gelähmten: Ich sage dir, steh auf, nimm deine Liegematte und geh heim! Und sofort stand er auf vor ihren Augen, nahm sein Lager, ging heim und pries Gott. Da gerieten alle außer sich vor Staunen, und sie priesen Gott und wurden voll Furcht und sprachen: Wir haben heute Unglaubliches gesehen. — Lukas 5,17–26*

32. *Es geschah aber auch an einem anderen Sabbat, dass er in eine Synagoge ging und lehrte; und dort war ein Mensch, dessen rechte Hand verdorrt war. Aber die Schriftgelehrten und Pharisäer lauerten ihm auf, ob er am Sabbat heilen würde, um einen Grund zur Anklage gegen ihn zu finden. Er aber kannte ihre Gedanken und sprach zu dem Menschen, der die verdorrte Hand hatte: Steh auf und stelle dich in die Mitte! Da stand er auf und stellte sich dorthin. Da sprach nun Jesus zu ihnen: Ich will euch etwas fragen: Darf man am Sabbat Gutes tun oder Böses tun, das Leben retten oder verderben? Und indem er sie alle ringsumher ansah, sprach er zu dem Menschen: Strecke deine Hand aus! Der aber tat es, und seine Hand wurde wiederhergestellt und war gesund wie die andere. — Lukas 6,6–10*

33. *Nachdem er aber vor den Ohren des Volkes alle seine Reden beendet hatte, ging er hinein nach Kapernaum. Und ein Knecht eines Hauptmanns, den jener schätzte, lag krank und war am Sterben. Als er aber von Jesus hörte, sandte er Älteste der Juden zu ihm mit der Bitte, er möge kommen und seinen Knecht retten. Als diese zu Jesus kamen, baten sie ihn eindringlich und sprachen: Er ist es wert, dass du ihm dies*

gewährst; denn er hat unser Volk lieb, und er hat uns die Synagoge erbaut. Da ging Jesus mit ihnen hin. Und als er schon nicht mehr fern von dem Haus war, schickte der Hauptmann Freunde zu ihm und ließ ihm sagen: Herr, bemühe dich nicht; denn ich bin nicht wert, dass du unter mein Dach kommst! Darum hielt ich auch mich selbst nicht für würdig, zu dir zu kommen; sondern sprich nur ein Wort, so wird mein Knecht gesund! Denn auch ich bin ein Mensch, der unter Vorgesetzten steht, und habe Kriegsknechte unter mir; und wenn ich zu diesem sage: Geh hin!, so geht er; und zu einem anderen: Komm her!, so kommt er; und zu meinem Knecht: Tu das!, so tut er's. Als Jesus das hörte, verwunderte er sich über ihn und wandte sich um und sprach zu der Menge, die ihm nachfolgte: Ich sage euch: Einen so großen Glauben habe ich in Israel nicht gefunden! Und als die Abgesandten in das Haus zurückkamen, fanden sie den kranken Knecht gesund. — Lukas 7,1–10

34. *Und es begab sich am folgenden Tag, dass er in eine Stadt namens Nain ging, und mit ihm zogen viele seiner Jünger und eine große Volksmenge. Wie er sich aber dem Stadttor näherte, siehe, da wurde ein Toter herausgetragen, der einzige Sohn seiner Mutter, und sie war eine Witwe; und viele Leute aus der Stadt begleiteten sie. Und als der Herr sie sah, erbarmte er sich über sie und sprach zu ihr: Weine nicht! Und er trat hinzu und rührte den Sarg an; die Träger aber standen still. Und er sprach: Junger Mann, ich sage dir: Steh auf! Und der Tote setzte sich auf und fing an zu reden; und er gab ihn seiner Mutter. Da wurden sie alle von Furcht ergriffen und priesen Gott und sprachen: Ein großer Prophet ist unter uns aufgestanden, und: Gott hat sein Volk heimgesucht! Und diese Rede über ihn verbreitete sich in ganz Judäa und in der ganzen Umgegend. — Lukas 7,11–17*

35. *Und als er ans Land gestiegen war, kam ihm ein Besessener aus der Stadt entgegen, der seit langer Zeit Dämonen hatte und keine Kleider mehr trug und sich auch in keinem Haus aufhielt, sondern in den Gräbern. Als er aber Jesus sah, schrie er, warf sich vor ihm nieder und sprach mit lauter Stimme: Was habe ich mit dir zu tun, Jesus, du Sohn Gottes, des Höchsten? Ich bitte dich, quäle mich nicht! Denn Er hatte dem unreinen Geist geboten, von dem Menschen auszufahren; denn der hatte ihn schon lange Zeit in seiner Gewalt, und man hatte ihn mit Ketten gebunden und mit Fußfesseln verwahrt, aber er zerriss die Fesseln und wurde von dem Dämon in die Einöde getrieben. Jesus aber fragte ihn und sprach: Wie heißt du? Er sprach: Legion! Denn viele Dämonen waren in ihn gefahren. Und er bat ihn, er möge ihnen nicht befehlen, in den Abgrund zu fahren. Es war aber dort eine große Schweineherde an dem Berg zur Weide, und sie baten ihn, dass er ihnen erlaube, in jene zu fahren. Und er erlaubte es ihnen. Da fuhren die Dämonen von dem Menschen aus und fuhren in die Schweine, und die Herde stürzte sich den Abhang hinunter in den See und ertrank. Als aber die Hirten sahen, was geschehen war, flohen sie und gingen hin und verkündeten es in der Stadt und auf dem Land. Da gingen sie hinaus, um zu sehen, was geschehen war, und kamen zu Jesus und fanden den Menschen, von dem die Dämonen ausgefahren waren, bekleidet und vernünftig zu den Füßen Jesu sitzen, und sie fürchteten sich. Die aber, welche es gesehen hatten, erzählten ihnen auch, wie der Besessene gerettet worden war. Da bat ihn die ganze Volksmenge aus der umliegenden Gegend der Gadarener, von ihnen wegzugehen; denn es hatte sie eine große Furcht ergriffen. Er aber stieg in das Schiff und kehrte zurück. Der Mann aber, von dem die Dämonen ausgefahren waren, bat ihn, dass er bei ihm bleiben dürfe.*

Aber Jesus entließ ihn und sprach: Kehre zurück in dein Haus und erzähle, was Gott dir Großes getan hat! Und er ging und verkündigte in der ganzen Stadt, was Jesus ihm Großes getan hatte. — Lukas 8,27–39

36. *Und eine Frau, die seit zwölf Jahren den Blutfluss gehabt und all ihr Gut an die Ärzte gewandt hatte, aber von keinem geheilt werden konnte, trat von hinten herzu und rührte den Saum seines Gewandes an; und auf der Stelle kam ihr Blutfluss zum Stehen. Und Jesus fragte: Wer hat mich angerührt? Als es nun alle bestritten, sprachen Petrus und die mit ihm waren: Meister, die Volksmenge drückt und drängt dich, und du sprichst: Wer hat mich angerührt? Jesus aber sprach: Es hat mich jemand angerührt; denn ich habe erkannt, wie eine Kraft von mir ausging! Als nun die Frau sah, dass sie nicht unbemerkt geblieben war, kam sie zitternd, fiel vor ihm nieder und erzählte ihm vor dem ganzen Volk, aus welchem Grund sie ihn angerührt hatte und wie sie auf der Stelle gesund geworden war. Er aber sprach zu ihr: Sei getrost, meine Tochter! Dein Glaube hat dich gerettet; geh hin in Frieden. — Lukas 8,43–48*

37. *Während er noch redet, kommt jemand vom Synagogenvorsteher und spricht zu ihm: Deine Tochter ist gestorben; bemühe den Meister nicht! Da es aber Jesus hörte, antwortete er ihm und sprach: Fürchte dich nicht; glaube nur, so wird sie gerettet werden! Und als er in das Haus kam, ließ er niemand hineingehen als Petrus und Jakobus und Johannes sowie den Vater und die Mutter des Kindes. Sie weinten aber alle und beklagten sie. Er aber sprach: Weint nicht! Sie ist nicht gestorben, sondern sie schläft. Und sie lachten ihn aus, weil sie wussten, dass sie gestorben war. Er aber trieb sie alle hinaus und ergriff* *ihre Hand und rief: Kind, steh auf! Und ihr Geist kehrte zurück, und sie stand augenblicklich auf; und er befahl, ihr zu essen zu geben. Und ihre Eltern gerieten außer sich; er aber gebot ihnen, niemand zu sagen, was geschehen war. — Lukas 8,49–56*

38. *Es begab sich aber am folgenden Tag, als sie den Berg hinunterstiegen, dass ihm eine große Menge entgegenkam. Und siehe, ein Mann aus der Volksmenge rief und sprach: Meister, ich bitte dich, sieh doch meinen Sohn an, denn er ist mein einziger! Und siehe, ein Geist ergreift ihn, und plötzlich schreit er, und er zerrt ihn hin und her, dass er schäumt, und will kaum von ihm weichen, ohne ihn zu misshandeln. Und ich habe deine Jünger gebeten, ihn auszutreiben, aber sie konnten es nicht. Da antwortete Jesus und sprach: O du ungläubiges und verkehrtes Geschlecht! Wie lange soll ich bei euch sein und euch ertragen? Bring deinen Sohn hierher! Und noch während er auf ihn zukam, warf der Dämon ihn nieder und zerrte ihn. Aber Jesus befahl dem unreinen Geist und machte den Knaben gesund und gab ihn seinem Vater wieder. — Lukas 9,37–42*

39. *Und er trieb einen Dämon aus, und der war stumm. Es geschah aber, nachdem der Dämon ausgefahren war, redete der Stumme. Und die Volksmenge verwunderte sich. — Lukas 11,14*

40. *Und siehe, da war eine Frau, die seit 18 Jahren einen Geist der Krankheit hatte, und sie war verkrümmt und konnte sich gar nicht aufrichten. Als nun Jesus sie sah, rief er sie zu sich und sprach zu ihr: Frau, du bist erlöst von deiner Krankheit! Und er legte ihr die Hände auf, und sie wurde sogleich wieder gerade und pries Gott. Der Synagogenvorsteher aber war empört darüber, dass Jesus am Sabbat heilte, und er ergriff das Wort*

und sprach zu der Volksmenge: Es sind sechs Tage, an denen man arbeiten soll; an diesen kommt und lasst euch heilen, und nicht am Sabbattag! Der Herr nun antwortete ihm und sprach: Du Heuchler, löst nicht jeder von euch am Sabbat seinen Ochsen oder Esel von der Krippe und führt ihn zur Tränke? Diese aber, eine Tochter Abrahams, die der Satan, siehe, schon 18 Jahre gebunden hielt, sollte sie nicht von dieser Bindung gelöst werden am Sabbattag? Und als er das sagte, wurden alle seine Widersacher beschämt; und die ganze Menge freute sich über all die herrlichen Taten, die durch ihn geschahen.
— Lukas 13,11–17

41. *Und es begab sich, als er am Sabbat in das Haus eines Obersten der Pharisäer ging, um zu speisen, da beobachteten sie ihn. Und siehe, da war ein wassersüchtiger Mensch vor ihm. Und Jesus ergriff das Wort und redete zu den Gesetzesgelehrten und Pharisäern, indem er sprach: Ist es erlaubt, am Sabbat zu heilen? Sie aber schwiegen. Da rührte er ihn an, machte ihn gesund und entließ ihn. Und er begann und sprach zu ihnen: Wer von euch, wenn ihm sein Esel oder Ochse in den Brunnen fällt, wird ihn nicht sogleich herausziehen am Tag des Sabbats?*
— Lukas 14,1–5

42. *Es geschah aber, als er sich Jericho näherte, da saß ein Blinder am Weg und bettelte. Und als er die Menge vorüberziehen hörte, erkundigte er sich, was das sei. Da verkündeten sie ihm, dass Jesus, der Nazarener vorübergehe. Und er rief und sprach: Jesus, du Sohn Davids, erbarme dich über mich! Und die vorangingen, geboten ihm, er solle schweigen; er aber rief noch viel mehr: Du Sohn Davids, erbarme dich über mich! Da blieb Jesus stehen und befahl, dass er zu ihm gebracht werde.*

Und als er herangekommen war, fragte er ihn und sprach: Was willst du, dass ich dir tun soll? Er sprach: Herr, dass ich sehend werde! Und Jesus sprach zu ihm: Sei sehend! Dein Glaube hat dich gerettet. Und sogleich wurde er sehend und folgte ihm nach und pries Gott; und das ganze Volk, das dies sah, lobte Gott.
— Lukas 18,35–43

43. *Da antwortete Jesus und sprach: Lasst ab davon! Und er rührte sein Ohr an und heilte ihn. — Lukas 22,51*

44. *Jesus kam nun wieder nach Kana in Galiläa, wo er das Wasser zu Wein gemacht hatte. Und da gab es einen königlichen Beamten, dessen Sohn lag krank in Kapernaum. Als dieser hörte, dass Jesus aus Judäa nach Galiläa gekommen sei, ging er zu ihm und bat ihn, er möchte herabkommen und seinen Sohn gesund machen; denn er lag im Sterben. Da sprach Jesus zu ihm: Wenn ihr nicht Zeichen und Wunder seht, so glaubt ihr nicht! Der königliche Beamte spricht zu ihm: Herr, komm herab, ehe mein Kind stirbt! Jesus spricht zu ihm: Geh hin, dein Sohn lebt! Und der Mensch glaubte dem Wort, das Jesus zu ihm sprach, und ging hin. Als er aber noch unterwegs war, kamen ihm seine Knechte entgegen und berichteten ihm und sprachen: Dein Sohn lebt! Nun erkundigte er sich bei ihnen nach der Stunde, in welcher es mit ihm besser geworden war. Und sie sprachen zu ihm: Gestern um die siebte Stunde verließ ihn das Fieber. Da erkannte der Vater, dass es eben in der Stunde geschehen war, in welcher Jesus zu ihm gesagt hatte: Dein Sohn lebt! Und er glaubte samt seinem ganzen Haus. Dies ist das zweite Zeichen, das Jesus wiederum tat, als er aus Judäa nach Galiläa kam.*
— Johannes 4,46–54

45. *Es ist aber in Jerusalem beim Schaftor ein Teich, der auf Hebräisch Bethesda heißt und der fünf Säulenhallen hat. In diesen lag eine große Menge von Kranken, Blinden, Lahmen und Abgezehrten, welche auf die Bewegung des Wassers warteten. Denn ein Engel stieg zu gewissen Zeiten in den Teich hinab und bewegte das Wasser. Wer nun nach der Bewegung des Wassers zuerst hineinstieg, der wurde gesund, mit welcher Krankheit er auch geplagt war. Es war aber ein Mensch dort, der 38 Jahre in der Krankheit zugebracht hatte. Als Jesus diesen daliegen sah und erfuhr, dass er schon so lange Zeit [in diesem Zustand] war, spricht er zu ihm: Willst du gesund werden? Der Kranke antwortete ihm: Herr, ich habe keinen Menschen, der mich in den Teich bringt, wenn das Wasser bewegt wird; während ich aber selbst gehe, steigt ein anderer vor mir hinab. Jesus spricht zu ihm: Steh auf, nimm deine Liegematte und geh umher! Und sogleich wurde der Mensch gesund, hob seine Liegematte auf und ging umher. Es war aber Sabbat an jenem Tag. Nun sprachen die Juden zu dem Geheilten: Es ist Sabbat; es ist dir nicht erlaubt, die Liegematte zu tragen! Er antwortete ihnen: Der mich gesund machte, der sprach zu mir: Nimm deine Liegematte und geh umher! Da fragten sie ihn: Wer ist der Mensch, der zu dir gesagt hat: Nimm deine Liegematte und geh umher? Aber der Geheilte wusste nicht, wer es war, denn Jesus war weggegangen, weil so viel Volk an dem Ort war. Danach findet ihn Jesus im Tempel und spricht zu ihm: Siehe, du bist gesund geworden; sündige hinfort nicht mehr, damit dir nicht etwas Schlimmeres widerfährt! Da ging der Mensch hin und verkündete den Juden, dass es Jesus war, der ihn gesund gemacht hatte. — Johannes 5,2–15*

46. *Als er dies gesagt hatte, spie er auf die Erde und machte einen Brei mit dem Speichel und strich den Brei auf die Augen des Blinden und sprach zu ihm: Geh hin, wasche dich im Teich Siloah (das heißt übersetzt: »Der Gesandte«)! Da ging er hin und wusch sich und kam sehend wieder. — Johannes 9,6–7*

47. *Und als er dies gesagt hatte, rief er mit lauter Stimme: Lazarus, komm heraus! Und der Verstorbene kam heraus, an Händen und Füßen mit Grabtüchern umwickelt und sein Angesicht mit einem Schweißtuch umhüllt. Jesus spricht zu ihnen: Bindet ihn los und lasst ihn gehen! — Johannes 11,43–44*

EMPFANGE JESUS ALS DEINEN RETTER

Jesus Christus als deinen Herrn und Retter anzunehmen, ist die wichtigste Entscheidung, die du jemals treffen wirst! Gottes Wort verspricht:

> *Denn wenn du mit deinem Mund Jesus als den Herrn bekennst und in deinem Herzen glaubst, dass Gott ihn aus den Toten auferweckt hat, so wirst du gerettet. Denn mit dem Herzen glaubt man, um gerecht zu werden, und mit dem Mund bekennt man, um gerettet zu werden. — Römer 10,9–10*
> *Denn:* ***»Jeder, der den Namen des Herrn anruft, wird gerettet werden«****. — Römer 10,13*

In seiner Gnade hat Gott bereits alles getan, um dir Errettung anbieten zu können. Dein Teil besteht einfach nur darin, zu glauben und zu empfangen. Bete laut:

> *Jesus, ich bekenne, dass du mein Herr und Retter bist. Ich glaube in meinem Herzen, dass Gott dich von den Toten auferweckt hat. Im Glauben an dein Wort empfange ich jetzt die Errettung. Danke, dass du mich erlöst hast!*

Im selben Moment, in dem du dein Leben Jesus Christus übergibst, erfüllt sich augenblicklich die Wahrheit seines Wortes in deinem Geist. Weil du von neuem geboren bist, besitzt du jetzt ein völlig neues Ich!

EMPFANGE DEN HEILIGEN GEIST

Dein dich liebender himmlischer Vater möchte dir als seinem Kind die übernatürliche Kraft geben, die du brauchst, um dieses neue Leben auch auszuleben.

> *Denn jeder, der bittet, empfängt; und wer sucht, der findet; und wer anklopft, dem wird aufgetan. … wie viel mehr wird der Vater im Himmel [den] Heiligen Geist denen geben, die ihn bitten! — Lukas 11,10.13b*

Alles, was du tun musst, ist bitten, glauben und empfangen! Bete:

> *Vater, ich erkenne, dass ich deine Kraft brauche, um dieses neue Leben auszuleben. Bitte erfülle mich mit deinem Heiligen Geist. Im Glauben empfange ich ihn genau jetzt! Danke, dass du mich getauft hast. Heiliger Geist, du bist in meinem Leben willkommen!*

Gratuliere – du bist jetzt mit Gottes übernatürlicher Kraft erfüllt!

Einige Silben einer dir unbekannten Sprache werden nun aus deinem Herzen zu deinem Mund aufsteigen. Wenn du sie im Glauben laut aussprichst, setzt du Gottes Kraft in deinem Inneren frei und erbaust dich selbst im Geist (1Kor 14,4.14). Du kannst dies tun, wann und wo immer du möchtest!

Es spielt eigentlich keine Rolle, ob du etwas gespürt hast oder nicht, als du gebetet hast, um den Herrn und seinen Geist zu empfangen. Wenn du in deinem Herzen geglaubt hast, dass du empfangen hast, dann ist es auch so, denn Gottes Wort verspricht: »Darum sage ich euch: Alles, was ihr auch immer im Gebet erbittet, glaubt, dass ihr es empfangt, so wird es euch zuteilwerden!« (Mk 11,24). Gott ist seinem Wort immer treu. Glaub es!

Bitte nimm Kontakt zu uns auf und lass es uns wissen, wenn du eines oder beide dieser Gebete gebetet hast. Wir würden uns gern mit dir freuen und dir ein Geschenk zusenden, das dir hilft, deine neue Beziehung zum Herrn zu verstehen und darin zu wachsen.

Damit wollen wir dir einfach sagen: *Willkommen in deinem neuen Leben!*

ÜBER DEN AUTOR

Als **Andrew Wommack** am 23. März 1968 der übernatürlichen Liebe Gottes begegnete, wurde sein Leben für immer verändert. Seit vielen Jahrzehnten bereist Andrew Amerika und die Welt und lehrt die Wahrheit des Evangeliums. Seine tiefe Offenbarung von Gottes Wort vermittelt er mit Klarheit und Schlichtheit. Dabei legt er seinen Schwerpunkt auf Gottes bedingungslose Liebe und das Gleichgewicht zwischen Gnade und Glauben. Mit seinem Programm auf *GospelTruth.TV* erreicht er fast die Hälfte der Weltbevölkerung. 1994 gründete er das *Charis Bible College* (Charis) und hat seither Charis-Standorte in verschiedenen Großstädten Amerikas und weltweit eröffnet. Andrew hat eine Fülle an Lehrmaterial in gedruckter Form und im Audio- und Videoformat veröffentlicht, von dem das meiste kostenlos von seiner Website abgerufen werden kann.

Du kannst das AWM-Team per Brief, Mail
oder Telefon kontaktieren:

Andrew Wommack Ministries gGmbH
Postfach 56 03 02, 60407 Frankfurt am Main, Deutschland
info@andrewwommack.de | +49 69 64357850
Gebets-Hotline: +49 69 643578578
www.andrewwommack.de

Gospel Truth

mit Andrew Wommack

Veränderte **Herzen**

Erneuertes **Denken**

Verändertes **Leben**

Zeugnisse kommen von Menschen aus aller Welt, die sich in das Wort Gottes vertieft haben.

Sieh Andrew Wommack in der täglichen *Gospel Truth* Fernsehsendung.

Du findest die lokalen Sendezeiten und kannst die Sendungen online unter andrewwommack.de/video oder awmi.net/video anschauen.

CHARIS
BIBLE COLLEGE
Verändere dein Leben.
Verändere die Welt.
Erfahre mehr über das Charis Bible College unter entdeckecharis.jetzt oder schreib uns eine E-Mail an info@charisbiblecollege.de oder ruf uns an unter +49 69 643 578 540.
Das Charis Bible College hat Standorte in den Vereinigten Staaten und rund um den Globus. Um den Campus in deiner Nähe zu finden, besuche
CharisBibleCollege.org/campus-locations

Wie man auf dem Wasser geht

Warum erleben manche Leute Wunder und andere nicht? Um wie Petrus auf dem Wasser zu gehen und Wunder zu erleben, musst du zuerst aus dem Boot steigen. Erfahre, was Andrew aus Gottes Wort über das Leben im Übernatürlichen gelernt hat, und werde auch du ein Mensch, der auf dem »Wasser« geht!

120 Seiten, Paperback, ISBN 978-3-95933-210-1
Auch als E-Book erhältlich.

Ein verhärtetes Herz

Ein verhärtetes Herz verhindert, dass wir die Stimme des Herrn hören und uns in unserem Alltag von ihm leiten lassen. Der Zustand unseres Herzens hängt davon ab, worauf unsere Aufmerksamkeit gerichtet ist. Verschaffe dir Klarheit, wie Glaube und Unglaube sich zueinander verhalten.

102 Seiten, Paperback, ISBN 978-3-95933-230-9
Auch als E-Book erhältlich.

www.gracetoday.de

Die Macht deiner Vorstellungskraft

Oft beten Gläubige ohne sichtbaren Erfolg. Das liegt daran, dass ihnen die Macht ihrer Vorstellungskraft nicht bewusst ist! Lass dir von Gott ein Bild deiner Zukunft vor dein geistiges Auge malen. Dann kann dich nichts aus der Bahn werfen und du siehst dich immer auf der Gewinnerseite!

159 Seiten, Paperback, ISBN 978-3-95933-216-3
Auch als E-Book erhältlich.

Du hast schon alles, was du brauchst!

Wie so viele andere hast du bestimmt schon einmal gedacht: *Ich tue doch alles, was ich kann, um den Sieg zu erleben – warum nur klappt es nicht?* Doch Gottes Antwort basiert nicht auf dem, was du tust, sondern auf dem, was Jesus getan hat! Erkenne diese Wahrheit – und werde frei!

264 Seiten, Paperback, ISBN 978-3-95933-220-0
Auch als E-Book erhältlich.

www.gracetoday.de

Verändert werden ohne Mühe

Die meisten Christen wünschen sich in einigen Bereichen ihres Lebens Veränderung. Aber wie kommt sie dauerhaft zustande? Durch das Wort Gottes. Wenn es wie ein Same in dein Herz ausgesät und dort gut genährt wird, beginnt dieser Same zu wachsen. Das Ergebnis: Veränderung ohne Mühe.

200 Seiten, Paperback

Die Vollmacht des Gläubigen

Die Vollmacht des Gläubigen in Christus wird heute kontrovers diskutiert. Andrew beleuchtet diese geistliche Wahrheit aus einer Perspektive, die all das, was du bisher erlernt hast, in ein ganz neues Licht rücken wird. Entdecke wahre geistliche Vollmacht, die zu echten Resultaten führt!

288 Seiten, Paperback, ISBN 978-3-95933-236-1
Auch als E-Book erhältlich.

www.gracetoday.de

Schärfer als ein zweischneidiges Schwert

Schärfer als ein zweischneidiges Schwert ist eine Sammlung und Zusammenfassung der 16 wichtigsten Offenbarungen, die Gott Andrew gegeben hat. Pro Kapitel wird ein bestimmtes Thema in Kurzform behandelt. Man erkennt dadurch im Gesamten, wie all diese Wahrheiten zusammenhängen.

192 Seiten, Paperback, ISBN 978-3-95933-280-4
Auch als E-Book erhältlich.

Dein neues Ich & der Heilige Geist

Was ist geschehen, als du Jesus als deinen Retter angenommen hast? Wie funktioniert das von ihm versprochene überfließende Leben? Erfahre die Antwort darauf und werde zu einem Kraftwerk der übernatürlichen Macht Gottes, indem du den Heiligen Geist und das Sprachengebet kennenlernst und empfängst.

112 Seiten, Paperback, ISBN 978-3-95933-256-9
Auch als E-Book erhältlich.

www.gracetoday.de